CESAR CALEJON

SOBRE PERDAS E DANOS: NEGACIONISMO, LAWFARE E NEOFASCISMO NO BRASIL

Copyright ©Cesar Antonio Calejon Ibrahim, 2022

Direitos reservados e protegidos pela lei 9.610 de 19.02.1998.
É proibida a reprodução total ou parcial sem autorização, por escrito, da editora.

Coordenação editorial: Sálvio Nienkötter
Editor-executivo: João Lucas Dusi
Editores-adjuntos: Claudecir de Oliveira Rocha, Daniel Osiecki
Capa: Jussara Salazar
Design editorial: Carlos Garcia Fernandes
Produção: Cristiane Nienkötter
Preparação de originais e revisão: o Autor

Dados Internacionais de Catalogação na Publicação (CIP)
Angelica Ilacqua CRB-8/7057

Ibrahim, Cesar Antonio Calejon
  Sobre perdas e danos : negacionismo, lawfare e neofascismo no Brasil / Cesar Antonio Calejon Ibrahim. -- Curitiba: Kotter Editorial, 2022.
  192 p. 16 x 23 cm

ISBN 978-65-5361-079-8

1. Ciência política 2. Geopolítica – Brasil I. Título

CDD 320

22-2045

Kotter Editorial Ltda.
Rua das Cerejeiras, 194
CEP: 82700-510 - Curitiba - PR
Tel. + 55(41) 3585-5161
www.kotter.com.br | contato@kotter.com.br

Feito o depósito legal
1ª Edição
2022

CESAR CALEJON

SOBRE PERDAS E DANOS: NEGACIONISMO, LAWFARE E NEOFASCISMO NO BRASIL

PARA TODAS AS
BRASILEIRAS E
BRASILEIROS QUE
ENFRENTARAM O
BOLSONARISMO
DURANTE OS ANOS
MAIS TRISTES
E SOMBRIOS DA
TRAJETÓRIA
SOCIAL NACIONAL.

AGRADECIMENTOS

Pensadores e profissionais de diversas áreas colaboraram para a composição dos artigos contidos nesta obra. Sem a participação destas pessoas, seria impossível consolidar o material aqui publicado.

Desta forma, meus agradecimentos sinceros para:

Sálvio Nienkotter, Nadine Bongard, Lorena G. Barberia, Boaventura de Sousa Santos, Rafael Valim, Lilia Moritz Schwarcz, Fernando Haddad, Dilma Rousseff, Ciro Gomes, Guilherme Boulos, Marcelo Freixo, Jessé Souza, Manuela d'Ávila, Celso Amorim, Celso Lafer, Erika Hilton, Natália Pasternak, Natália Pires de Vasconcelos, Tiago Pavinatto, Ricardo Franco Pinto, Nuredin Ahmad Allan, Mário Gonzalez, Fernando Salvetti Valente, Alexandre Kawassaki, Marileide Martins da Silva, Raphael Marques de Almeida Rosa da Cruz, Claudio Maierovitch, Marcelo Nogueira, Rodrigo Ratier, Ivan Paganotti, Alexandre Inagaki, Fernanda Magnotta, Carlos Gustavo Poggio, Cristiane Kerches, Fernando Daflon, Simone Deos, Adriana Nunes Ferreira, Alex Wilhans Antonio Palludeto, Senival Lins da Silva, Laura Marisa Carnielo Calejon, Guillermo Arias Beatón, Cláudio Gonçalvez Couto, William Nozaki, Cláudio Pereira Souza Neto, Silvio Almeida, Alysson Leandro Mascaro, Fernando Pereira, João Cezar de Castro Rocha, Ive Brussel, Victor Pino, Rafael Burgos, Gonzalo Vecina, Vanessa Elias de Oliveira, Elize Massard da Fonseca, Guilherme Howes, Eduardo Moreira, Jamil Chade, Luis Nassif, Lourdes Nassif, Danilo Molina e Alisson Matos.

Agradeço também a todas e todos os brasileiros que se mantiveram na luta contra as perdas e os danos, muitas vezes irreparáveis, que foram causadas pelo bolsonarismo entre os anos de 2019 e 2022. A luta de vocês será honrada ao nascer de um novo dia.

APRESENTAÇÃO

Necessário e corajoso, o livro de Cesar Calejon é mais que um relato dos acontecimentos políticos ou desencontros de um país em transe. Ele revela, com dados e análise, as entranhas de um dos períodos mais sombrios de nossa jovem democracia e nos permite entender os desafios que temos pela frente. Com habilidade rara, ele mapeia como um projeto de destruição foi realizado, com método e objetivo.

A obra, que percorre com detalhes alguns dos principais desafios do Brasil, serve de alerta: o progresso social não é inevitável e avanços no desenvolvimento humano podem ser desfeitos.

Escrevendo com extrema clareza, Calejon escancara o fato de que a nossa sociedade está numa encruzilhada diante do sequestro do estado por uma aliança surreal entre negacionistas, ultraliberais, forças antidemocráticas, pastores, extrema-direita e corruptos.

Em seu livro, o autor mostra que não podemos esperar pelos tanques para constatar a morte de uma democracia.

Ela acontece todas as vezes que direitos são retirados, que uma árvore desaba na floresta, que um jornalista é atacado, que a ciência é substituída por interesses políticos, que um assassinato de uma minoria é ignorado ou menosprezado.

Tão lúcidas como perturbadoras, o que as páginas dessa obra nos trazem é um sentimento de indignação, um componente fundamental para a luta por dignidade. Nessa espécie de guia dos anos que marcarão uma geração, Calejon nos obriga a nos levantar e abandonar a indiferença.

Ele, no fundo, nos chama a refletir sobre que projeto de país queremos construir para interromper a procissão de caixões sem destino. Vamos?

Jamil Chade, maio de 2022

PREFÁCIO

Trabalhei por mais de vinte anos no mercado financeiro. Boa parte deste tempo, passei nas chamadas "mesas de operações", área dos bancos onde milhares de operadores (como são chamados os especuladores) ao redor do mundo tentam prever o próximo movimento do mercado para fazer as suas apostas com o objetivo de lucrar milhões.

Lembro-me que, certa vez, ainda novato, questionei um destes operadores, um dos mais renomados do local no qual eu trabalhava, sobre qual era o principal risco que o cenário trazia adiante: a surpresa que poderia nos pegar desprevenidos. A resposta foi curta e, até certo ponto, óbvia, mas a guardo até hoje: "Eduardo, surpresas, por definição, não podem ser previstas. O máximo que podemos fazer é nos debruçar sobre elas após terem acontecido para que, da próxima vez, possamos nos proteger e não sofrer as suas consequências".

A eleição de Bolsonaro foi uma surpresa. Poucos se recordam, mas em 2017, apenas um ano antes de ter sido eleito presidente da República com quase 60 milhões de votos, o então deputado Jair Bolsonaro disputou e perdeu a eleição para a presidência da Câmara dos Deputados. Não somente perdeu, mas ficou em último lugar, com apenas quatro votos. Um resultado vergonhoso frente aos 293 dados ao vencedor do pleito, o deputado Rodrigo Maia. À frente de Bolsonaro ficaram ainda os deputados Jovair Arantes, com 105 votos, André Figueiredo, com 59 votos, Júlio Delgado, com 28, e Luiza Erundina, com 10. Além dos próprios votos em branco, que foram cinco.

Hoje, muitos dizem que previram a ascensão de Bolsonaro. Mentira, ninguém seria capaz de fazê-lo. Bolsonaro era um nada, uma chacota, uma caricatura de um militar frustrado e fanfarrão, mas virou presidente da República e, em apenas quatro anos, foi capaz de causar um estrago nunca visto na história do Brasil.

Vendeu estatais a preço de banana, acabou com a produção cultural, permitiu que áreas recordes dos nossos principais biomas fossem desmatadas e queimadas, armou a população e realizou a pior gestão da pandemia em todo o mundo. O site ourworldindata.com coloca o Brasil como o país que, entre as maiores economias do mundo, teve o maior excesso de mortalidade por 100 mil/habitantes durante a crise da covid-19, parâmetro que serve como uma medida de quantas pessoas a mais morreram em relação aos tempos ditos "normais".

No total, foram 774 mil mortes a mais do que o normal. Boa parte disso, segundo especialistas, poderia ter sido evitada, caso tivéssemos sido mais rápidos em começar a vacinação e mais efetivos nas medidas de isolamento social. Culpa do negacionismo do governo federal. Culpa de Jair Messias Bolsonaro.

Contudo, simplesmente tirar Bolsonaro do poder não basta. É preciso entender o que o levou até lá para que, assim como nos eventos de mercado que descrevi no começo, não corramos este risco novamente. O país não merece e não aguenta mais.

*

Nesse sentido, é fundamental o papel do trabalho do amigo Cesar Calejon. Ao longo dos últimos quatro anos, Calejon vem esmiuçando todos os importantes fatores que levaram Bolsonaro a alcançar o poder e a forma funesta como o seu governo opera. São artigos muito bem elaborados e embasados, necessários para que possamos encontrar uma forma de desarmar esta bomba. Ler este livro é mais do que simplesmente se informar. Trata-se de uma forma de estar preparado para ajudar nesta missão. Boa leitura.

Eduardo Moreira, abril de 2022.

SUMÁRIO

PREFÁCIO	11
1. "O PT quebrou o Brasil" e a principal narrativa do pré-bolsonarismo	19
2. A política externa bolsonarista, o multilateralismo e a sociedade internacional	25
3. Elitismo histórico-cultural explica tolerância à Vaza Jato	29
4. Educação política, a subjetividade integral e uma consciência crítica coletiva contra a ignorância	33
5. Com "ideólogos do caos", extrema direita constrói um projeto global	37
6. Eduardo Bolsonaro gera crise diplomática sem precedente com a China	42
7. Bióloga alemã: "Bolsonaro pode comprometer o sistema de saúde do país"	45
8. Covid-19 expõe a escolha política da concentração de renda	48
9. Covid-19: "Subnotificação nos deixa no escuro", diz professora da USP	51
10. Bolsonaro deve ser julgado em tribunal internacional, dizem juristas	55
11. Desinformação permanece maior obstáculo na luta contra a Covid-19	58
12. "Guedes é ministro de uma nota só", diz economista	62
13. Covid-19: Médico relata "problema gigantesco por falta de alinhamento"	65
14. Brasil perdeu respeitabilidade internacional, diz especialista em EUA	68
15. Privatizações de Guedes estão na contramão do mundo, diz economista	72
16. Celso Amorim: "Nem na ditadura a política externa foi tão desastrosa"	75
17. Ciro: "Bolsonaro é responsável pela maior tragédia de nossa história"	81
18. Boaventura de Sousa Santos: "credibilidade do sistema judicial do Brasil foi tremendamente corroída pela Lava-Jato"	86
19. Sem coordenação nacional, a situação seguirá piorando, diz pesquisadora	89

20. Haddad: "Bolsonaro conseguiu dobrar o pior cenário projetado para a covid" 92

21. Lilia Schwarcz: "O Brasil sempre evitou falar da morte" 96

22. Erika Hilton: "Sociedade busca antídoto ao bolsonarismo" 100

23. Bolsonarismo criou tempestade perfeita para o Brasil em 2020 104

24. Freixo: "Um terço do Rio é controlado pelas milícias" 110

25. Pasternak: "Pesquisadores não podem assistir calados ao que acontece" 114

26. Muito além de Lula, guerras jurídicas ameaçam soberania brasileira 118

27. Morticínio da pandemia é reflexo de guerra contra o Brasil 121

28. Bolsonaro leva Brasil ao paroxismo da ignorância e do caos 125

29. Dilma: "Impeachment aconteceu porque travamos agenda neoliberal" 129

30. Bolsonaro condena Brasil a ser país sem lei em década perdida 133

31. Motociata consolida o status de seita do bolsonarismo 135

32. Genocídio brasileiro será o principal legado do bolsonarismo 138

33. Últimas cartadas de Bolsonaro têm potencial devastador para a democracia 141

34. Bolsonaro é sintoma de tendências estruturais do país, diz Silvio Almeida 144

35. Um dos artífices do bolsonarismo, MBL se volta contra seu Frankenstein 147

36. Bolsonaro representa um modelo agudo de capitalismo, diz filósofo 149

37. As mil e uma noites do bolsonarismo no Brasil 151

38. Offshore de Guedes ilustra, fielmente, a hipocrisia bolsonarista 153

39. A ascensão do bolsonarismo e a tempestade perfeita da sindemia de Covid-19 155

40. O apoio incondicional ao presidente custa cada vez mais caro aos bolsonaristas 161

41. Mais do que isolado, Brasil de Bolsonaro é objeto de desprezo internacional 163

42. O idiota constrange a comunidade internacional 165

43. Deputado bolsonarista escancara a corrupção normativa do governo 167

44. Crianças brasileiras são as novas vítimas do bolsonarismo 170

45. Negacionismo e política da morte levam, novamente, à lotação de UTIs 173

46. "Amarelada" de Bolsonaro desmoraliza instituições do país 176

47. Nordestinos e mulheres derrotarão o bolsonarismo em outubro 178

48. Arthur do Val é o "cidadão de bem" que elegeu Bolsonaro 180

49. Na base da retórica do ódio, Bolsonaro prepara o "dia do caos" para 2022 182

50. Áudio ilustra como Bolsonaro transformou o Brasil numa república miliciana 186

POSFÁCIO 188

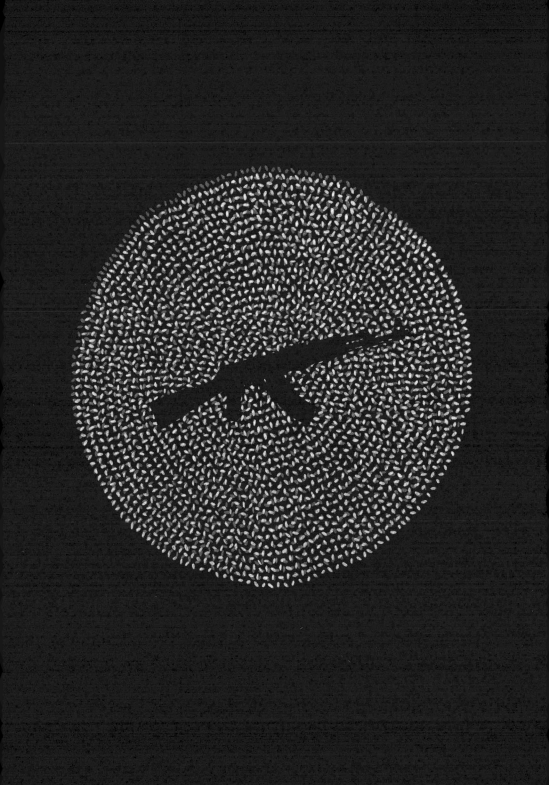

1
O PT QUEBROU O BRASIL E A PRINCIPAL NARRATIVA DO PRÉ-BOLSONARISMO

A despeito dos argumentos jurídicos oficiais que foram utilizados, a principal narrativa do impedimento de Dilma Rousseff em 2016 e, portanto, do período que antecedeu e consolidou as condições subjetivas ideais no inconsciente coletivo brasileiro para a ascensão do bolsonarismo no país, virou uma espécie de mantra que dispensava (e continua dispensando) a verificação da sua veracidade para boa parte da população.

Vamos avaliar os fatos. Considerando tal afirmação, podemos entender que:

- O PT faliu o Brasil junto à sociedade internacional (dívidas e reservas internacionais);
- O PIB (Produto Interno Bruto) recuou de forma alarmante e extremamente incomum por conta de alguma medida adotada unilateralmente pelo partido;
- O PT destruiu a rede social de proteção e desenvolvimento humano cuja eficácia é aferida continuamente pelo IDH (Índice de Desenvolvimento Humano);
- Promoveu um desequilíbrio na distribuição do capital e da renda de tal forma que o arranjo social se tornaria desigual e caótico a ponto de colapsar, em última instância (Coeficiente de Gini);
- O comércio exterior (balança comercial) do Brasil com os outros países do mundo foi prejudicado de forma irremediável por conta de alguma medida adotada unilateralmente pelo partido (de forma que o país sofra sanções econômicas, enfrente guerras tarifárias etc.);

- As contas públicas foram desequilibradas de forma que o Governo Federal do Brasil passou a gastar muito mais do que arrecada, o que resultaria no endividamento do Estado.

Estes são os indexadores sólidos que todas as nações desenvolvidas utilizam para avaliar a progressão das suas respectivas sociedades. Flutuações no PIB e na taxa de desemprego e processos recessivos com diferentes intensidades são padrões macroeconômicos que se aplicam em todas as economias desenvolvidas do mundo. Fazem parte da dinâmica do jogo e servem muito mais para incutir e manipular sentimentos em determinada população (principalmente no que chamamos de classe média, o TOP 10%) do que para fazer planejamentos úteis em longo prazo.

Neste contexto, indexadores e pesquisas organizadas pela comunidade internacional são ferramentas poderosas para elaborar um processo de compreensão mais assertivo sobre a realidade que se vive em determinado país. Isso porque estes dados são investigados e compilados por entidades e profissionais que não vivenciam o cotidiano sociopolítico daquela nação e, portanto, não possuem preferências partidárias ou ideológicas em certo contexto local.

Estes indicadores são organizados com base em pesquisas sérias, que foram organizadas por mestres e doutores em suas respectivas áreas. Ou seja, não são petistas, bolsonaristas, emedebistas ou tucanos buscando atingir os seus adversários políticos. Com esta premissa estabelecida, podemos avaliar a evolução dos indexadores mencionados no início deste artigo sem o risco de assumirmos um viés partidário em qualquer direção. Vamos aos fatos.

DÍVIDAS E RESERVAS INTERNACIONAIS

Após o processo econômico mais agudo de hiperinflação que a sociedade brasileira vivenciou em toda a sua história (década de 1980, fim do regime militar), a gestão FHC conseguiu equilibrar o cenário econômico e, no dia 4 de maio do ano 2000, estabeleceu a Lei de Responsabilidade Fiscal. Em 2002, FHC deixou o cargo com R$ 36,2 bilhões de reservas internacionais.

Em dezembro de 2005 (governo Lula), o Brasil quitou, antecipadamente, toda a dívida que havia contraído com o Fundo Monetário Internacional. O valor de US$ 15,5 bilhões era o que restava a ser pago (em 2006 e 2007) considerando um empréstimo de US$ 41,7 bilhões, que havia sido negociado com a entidade em 2002.

Em 2009, Lula sancionou a Lei da Transparência (que obriga a União, os estados e os municípios a divulgarem os seus gastos na Internet em tempo real) e o Banco Central do Brasil (BC) anunciou o início da publicação semestral do Relatório de Gestão das Reservas Internacionais.

"Ao longo dos últimos anos, o BC tem buscado ampliar a transparência do processo de administração das reservas internacionais. Medidas como a divulgação diária do montante de reservas e adesão ao padrão de disseminação de dados (PEDD), definido pelo Fundo Monetário Internacional (FMI), são exemplos do comprometimento do BC com esse objetivo. A publicação do Relatório de Gestão das Reservas Internacionais é um avanço nessa direção. No período analisado pelo relatório, de 2002 a 2008, observou-se aumento significativo do montante de reservas internacionais. Esse aumento é resultado da política de acumulação de reservas iniciada em 2004. Em janeiro de 2002, o montante de reservas internacionais, no conceito liquidez, era de US$36,2 bilhões.

De dezembro de 2003 a dezembro de 2008, o total de reservas internacionais, no mesmo conceito, passou de US$49,3 bilhões para US$206,8 bilhões", afirma a publicação.

O oitavo volume deste documento, que foi publicado em dezembro de 2016, afirma que "em 31 de dezembro de 2015, as reservas internacionais do Brasil totalizavam, pelo conceito de liquidez internacional, US$368,74bilhões.

PRODUTO INTERNO BRUTO

Série anual do Produto Interno Bruto (PIB) NOMINAL brasileiro de acordo com o Governo da República Federativa do Brasil (em R$):

1998	1.002.351.000.000,00
1999	1.087.711.000.000,00
2000	1.199.093.000.000,00
2001	1.315.756.000.000,00

2002	1.488.788.000.000,00
2003	1.717.951.000.000,00
2004	1.957.750.000.000,00
2005	2.170.584.000.000,00
2006	2.409.450.000.000,00
2007	2.720.263.000.000,00
2008	3.109.803.000.000,00
2009	3.333.039.000.000,00
2010	3.885.847.000.000,00
2011	4.376.382.000.000,00
2012	4.814.760.000.000,00
2013	5.331.619.000.000,00
2014	5.778.952.000.000,00
2015	6.000.572.000.000,00
2016	6.266.895.000.000,00
2017	6.558.194.000.000,00

Série anual do PIB REAL brasileiro de acordo com o Governo da República Federativa do Brasil (em US$):

1998	1.146.350.314.300,00
1999	1.151.727.460.600,00
2000	1.199.093.000.000,00
2001	1.215.758.799.900,00
2002	1.252.879.608.700,00
2003	1.267.175.052.900,00
2004	1.340.162.764.700,00
2005	1.383.076.588.500,00
2006	1.437.872.736.600,00
2007	1.525.149.783.400,00
2008	1.602.846.133.500,00
2009	1.600.828.582.000,00
2010	1.721.342.536.500,00
2011	1.789.756.011.600,00
2012	1.824.139.914.900,00
2013	1.878.952.863.300,00

2014	1.888.422.067.800,00
2015	1.817.242.668.600,00
2016	1.751.920.000.000,00
2017	2.054.969.000.000,00

O PIB nominal refere-se ao valor do PIB calculado a preços correntes, ou seja, no ano quando o produto foi produzido e comercializado. Já o PIB real é calculado a preços constantes, onde é escolhido um ano-base, eliminando assim o efeito da inflação.

Como podemos constatar, em 2015 houve a maior variação expressiva negativa do PIB real brasileiro desde 1980 (-3,77%). E em 2016, a segunda maior desde então, com recuo do PIB real de – 3,60%. Contudo, de acordo com o Fundo Monetário Internacional, em 2015, o próprio Produto Mundial Bruto (PMB) caiu mais de 5,5% na comparação com o ano anterior: de US$ 78.663.17.000.000.00 para 74.429.030.000.00 (trilhões de dólares).

A partir de 2016, o crescimento do PMB começa a acelerar novamente e as expectativas apontam que, entre crises e retomadas, este número supere a casa dos US$ 108,5 trilhões até 2022.

ÍNDICE DE DESENVOLVIMENTO HUMANO

O Índice de Desenvolvimento Humano (IDH) foi criado pelo Programa das Nações Unidas para o Desenvolvimento (PNUD) em 1990, a partir do trabalho de dois economistas, o paquistanês Mahbub Ul Haq e o indiano Amartya Sen, para medir o nível de desenvolvimento humano dos países a partir de indicadores de educação (alfabetização e taxa de matrícula), longevidade (expectativa de vida ao nascer) e renda (PIB per capita).

O ranking 2018 do IDH traz o Brasil na 79ª posição, de um total de 158 nações. Países como Uruguai (0.804), Cazaquistão (0.800), Cuba (0.777) e Venezuela (0.761) ficaram na frente do Brasil, que obteve 0.759. Ainda assim, o País registrou um aumento considerável contra o valor de 0,644 que foi registrado pela mesma entidade em 1975.

ÍNDICE DE GINI

Desenvolvido pelo matemático italiano Corrado Gini, o Coeficiente de Gini é um parâmetro internacional usado para medir a desigualdade de distribuição da renda entre os países. A medida foi publicada no documento "Variabilità e mutabilità" ("Variabilidade e mutabilidade" em italiano), em 1912. O Coeficiente de Gini consiste em um número entre 0 e 1, onde 0 corresponde à completa igualdade (no caso do rendimento, por exemplo, toda a população recebe o mesmo salário) e 1 corresponde à completa desigualdade (uma pessoa recebe todo o rendimento e as demais nada recebem). Quanto maior o valor, mais desigual é o país.

O Coeficiente de Gini é amplamente utilizado em diversos campos de estudo, como a sociologia, a economia, ciências da saúde, ecologia, engenharia e agricultura. Em ciências sociais e economia, além do coeficiente de Gini relacionado à renda, estudiosos publicaram indexadores relacionados à educação e às oportunidades financeiras.

De acordo com os dados do Banco Mundial, o valor do índice Gini no Brasil era de 51,30 em 2015. Nos últimos 34 anos, esse indicador atingiu um valor máximo de 63,30 em 1989 e um valor mínimo de 51,30 em 2015, com uma redução acentuada a partir de 2002.

BALANÇA COMERCIAL

A balança comercial brasileira atingiu o seu maior saldo positivo ainda no governo petista, no primeiro semestre de 2016, com R$ 47,7 bilhões (ou seja, o Brasil vendeu mais do que comprou na sociedade internacional), após dois anos difíceis para as exportações em 2014 e 2015.

CONTAS PÚBLICAS

Por fim, o superávit primário (a capacidade de pagar as contas em dia sem considerar os juros da dívida) atingiu a casa dos 3% (do PIB) entre 2008 e 2009 e recuou para 0% em janeiro de 2015.

Com base nestes dados, avalie os fatos, os números, e o que está acontecendo atualmente com estes mesmos indexadores. Vejamos, à luz da história, quem efetivamente quebrou o Brasil.

GGN, 25 de setembro de 2019.

2
A POLÍTICA EXTERNA BOLSONARISTA, O MULTILATERALISMO E A SOCIEDADE INTERNACIONAL

Em menos de nove meses de governo Bolsonaro, a Política Externa Brasileira, conhecida como PEB pelos profissionais, acadêmicos e estudantes de Relações Internacionais, sofreu a maior reviravolta da sua história desde a redemocratização do país e tornou-se a Política Externa Bolsonarista, para a qual serve o mesmo acrônimo. Alguns especialistas da disciplina arriscam dizer até que nem mesmo a ditadura militar foi tão desastrosa na condução da PEB, a legítima, como a mais recente administração federal do Brasil.

O Itamaraty, antes principal formulador, foi relegado ao papel de observador/organizador, na melhor das hipóteses, das decisões que são tomadas pelos núcleos mais fundamentalistas do atual gabinete da gestão Bolsonaro e, atabalhoadamente, pelo próprio presidente.

Durante apenas os três primeiros trimestres de 2019, a PEB, bolsonarista, removeu a população LGBT da lista de políticas e diretrizes destinadas à promoção dos Direitos Humanos do Governo Federal do Brasil, retirou o país do Pacto de Migração da ONU, liberou a posse de armas de fogo no território nacional e enfrentou a sua maior crise de imagem e reputação global com os acentuados incêndios que consomem a floresta amazônica.

Além disso, de forma absolutamente gratuita e unilateral, derrubou a exigência de visto para os estadunidenses, agrediu com ofensas de caráter pessoal a esposa do presidente francês, Brigitte Macron, reivindicou a ditadura chilena de Pinochet ao atacar o pai de Michelle Bachelet, Comissária dos Direitos Humanos das Nações Unidas, e deixou, em ato de submissão sem precedente na nossa história, dois navios iranianos, o MV Bavand e o MV Termeh, desabastecidos por quase cinqüenta dias no Porto de Paranaguá, no Paraná: a Petrobras se negou a abastecer as embarcações, porque o governo iraniano está sob sanções aplicadas pelos Estados Unidos.

Essas decisões sobre temas que lidam com as questões do meio-ambiente, do multilateralismo e dos direitos humanos são esdrúxulas. Os Estados Unidos suspenderam a participação na UNESCO, saíram do Conselho de Direitos Humanos, saíram do Acordo de Paris, e a Política Externa Bolsonarista quer imitar a agenda do Trump neste sentido. Contudo, o custo de não honrar estes acordos é muito maior para o Brasil do que para os Estados Unidos.

O Brasil construiu uma relação histórica com a ONU e com o multilateralismo de forma geral que não pode ser simplesmente abandonada por um determinado governo. Isso nos coloca um risco muito grande, que tem a ver com a nossa reputação. "Esquecer que a gente depende do multilateralismo para se projetar internacionalmente pode trazer um risco de credibilidade real", profetizou sensatamente Guilherme Casarões, doutor e mestre em Ciência Política pela Universidade de São Paulo, em uma conversa realizada ainda em novembro de 2018.

Além disso, agredir gratuitamente alguns dos principais líderes da sociedade internacional não serve qualquer propósito para a recuperação econômica do nosso mercado doméstico ou para avançar interesses saudáveis pelo Brasil no exterior. Pelo contrário, este alinhamento automático e servical à administração Trump que a Política Externa Bolsonarista já demonstrou até aqui aponta ainda três outros pontos centrais da sua futura possível atuação que merecem atenção: a integração regional da América do Sul e a Venezuela, Israel e o mundo árabe e a China e o anticomunismo.

No que diz respeito à Venezuela, o Brasil sempre zelou demais pelas relações regionais e sempre se orientou por um conjunto de princípios, entre os quais está o princípio da não-intervenção e do respeito à soberania dos Estados. É possível que a Política Externa Bolsonarista tope ou ajude a organizar uma intervenção estadunidense na Venezuela. Isso não precisa ser uma guerra aberta contra a Venezuela, mas pode ser um porto naval, sanções econômicas etc. Existem certas ferramentas de diplomacia econômica que podem ser usadas, o que contrariaria basicamente um século de relações do Brasil com o nosso hemisfério.

A Venezuela era um dos principais parceiros econômicos do Brasil e nós chegamos a superar a marca de cinco bilhões de dólares de saldo positivo na balança comercial com os vizinhos venezuelanos. Esse volume foi de R$ 5,13 bilhões, em 2008, para R$ 0,577, em 2018, de acordo com dados do Ministério da Economia, Fazenda e Planejamento.

Outro ponto importantíssimo para os rumos do Brasil na sociedade internacional durante os próximos quatro anos é a relação do novo governo com Israel. Este é um tema particularmente arriscado, porque se por um lado Bolsonaro joga para a plateia, por outro o mundo árabe está de olho e disposto a começar a embargar as importações do Brasil, que somam mais de US$ 20 bilhões em comércio com os países islâmicos. Ainda durante a segunda semana do novo governo, no dia 11 de janeiro de 2019, a Liga Árabe enviou uma carta por meio de um diplomata à gestão Bolsonaro. "O mundo árabe tem muito respeito pelo Brasil e queremos não apenas manter as relações, mas também melhorá-las e diversificá-las. Mas a intenção de transferir a embaixada para Jerusalém pode prejudicá-las", alertaram os árabes por meio desta correspondência.

O último ponto de atenção é o caráter anticomunista da Política Externa Bolsonarista. No dia 14 de janeiro de 2019, uma comitiva com dez deputados federais eleitos pelo PSL embarcou para a China, a convite do Partido Comunista Chinês. A Embaixada Chinesa no Brasil confirmou que o convite foi feito pelo governo local. O saldo comercial (US$ 20,166 bilhões) e as exportações brasileiras para a China (US$ 47,488 bilhões) atingiram o recorde histórico em 2017, impulsionados, principalmente, pela demanda aquecida do país asiático, cuja economia expandiu mais do que o esperado.

A China está reorganizando os investimentos para o consumo interno, que era voltado para o comércio externo. Cerca de 55% dos chineses (mais de 750 milhões de pessoas) vivem agora em áreas urbanas, o que aponta uma continuidade de expansão da demanda interna. Espera-se que, até 2030, 70% da população chinesa esteja vivendo em áreas urbanas. Ou seja, a China é um mercado quase inesgotável e absolutamente vital para os produtos brasileiros, caso agressões desnecessárias e retóricas anticomunistas do século passado sejam evitadas pela atual gestão federal brasileira.

Assim, o principal desafio deste novo governo é entender que existem regras na sociedade internacional. Essas posições adotadas nos primeiros 250 dias do governo pesselista tendem a produzir retaliações, tendem a produzir derrotas, e deverão tornar o Brasil um país mais isolado. Ou seja, o governo Bolsonaro adotou o discurso de que antes havia muita ideologia, mas nunca houve tanta ideologia nas tomadas de decisão de um governo como neste momento. Conforme sintetizou de forma brilhante o coordenador do mestrado profissional em Gestão e Políticas Públicas da FGV, Cláudio Gonçalves Couto: "é a ideologia se sobrepondo tanto ao pragmatismo, quanto à lógica de funcionamento das instituições. Isso vale para dentro e para fora. Acho difícil que isso não custe muito caro ao Brasil", concluiu o acadêmico.

GGN, 20 de setembro de 2019.

3
ELITISMO HISTÓRICO-CULTURAL EXPLICA TOLERÂNCIA À VAZA JATO

Fui recentemente indagado, a respeito dos vazamentos da Vaza Jato, por qual motivo eles não causam uma reação social parecida com a de 2016, quando o então juiz Sergio Moro retirou o sigilo das conversas entre os ex-presidentes Lula e Dilma Rousseff.

Na época, a intenção de levar Lula para a Casa Civil foi vista, majoritariamente, com indignação. Imaginava-se uma manobra para conferir a ele o foro privilegiado. Para relembrar: ainda em maio daquele ano, Romero Jucá, que naquela ocasião era senador da República (PMDB-RR), foi gravado em conversa com Sérgio Machado, ex-presidente da Transpetro, afirmando que o impeachment de Dilma era "a única saída" para "estancar a sangria" criada pela Lava Jato e que um grande acordo nacional era o único meio para delimitar a operação contra a corrupção. "Com o Supremo, com tudo [...] Delimitava onde está. Pronto", explicou didaticamente o então senador.

Por que, então, a população brasileira, que alegadamente lutava contra a corrupção e se indignou com os diálogos entre Dilma e Lula, não se revoltou quando confrontada com provas de caráter tão cabal como estas? E por que não se abala agora, a ponto de protestar nas ruas, com os vazamentos do The Intercept? A resposta para esta pergunta é complexa, mas, sem dúvida, o elemento central para entender esta questão é o que eu chamo de elitismo histórico-cultural.

Um aspecto fundamental para compreendê-lo é ter uma visão clara da pirâmide social brasileira. Em sua acepção mais real, ela é uma ilustre desconhecida. Segundo o World Inequality Report 2018, o País pode ser dividido em nove classes sociais:

– A, com 58 bilionários (R$ 650 bilhões);

– B, com 1430 pessoas que capitalizam a partir de R$ 5 milhões / mês;

– C, com 14300 pessoas que capitalizam a partir de (R$ 1 milhão / mês);

– D, com 142500 pessoas que capitalizam a partir de (R$ 188.925 / mês);

– E, com 1.4 milhão de pessoas que capitalizam a partir de (R$ 36.762 / mês);

– F, com 14 milhões de pessoas que capitalizam a partir de (R$ 7.425 / mês);

– G, com 57 milhões de pessoas que capitalizam a partir de (R$ 2.178 / mês);

– H, com 72 milhões de pessoas que capitalizam a partir de (R$ 1.122 / mês);

– I, com 23 milhões de pessoas que não têm renda (os ditos indigentes).

Apesar de existirem de forma oficial na literatura que estuda o tema as "classes D e E" – que correspondem na pirâmide mais realista às classes H e I – , a maior parte da população brasileira acredita que está, socioeconomicamente, posicionada entre o que foram intituladas "classes B e C" (na pirâmide realista, o equivalente às classes F e G). Como se vê, é uma visão algo distorcida, pois a classe mais numerosa na pirâmide realista é a H.

Ocorre que o maior nível de profusão, articulação e eloquência de peças de comunicação (televisão, rádio, revistas, livros, Internet etc.) e, portanto, da capacidade de fazer proselitismo em todas as direções e de controlar a narrativa política, encontra-se entre as classes A e F (menos de 16 milhões de brasileiros).

Não por acaso, em um encontro entre Moro e Fausto Silva, o apresentador da TV Globo assumidamente aconselhou os procuradores da Lava Jato a falarem de forma mais simples, para que todos entendessem.

> "Ele disse que vocês nas entrevistas ou nas coletivas precisam usar uma linguagem mais simples. Para todo mundo entender. Para o povão. Disse que transmitiria o recado. Conselho de quem está a (sic) 28/anos na TV. Pensem nisso."
>
> Ex-juiz Sergio Moro, em mensagem ao procurador Deltan Dallagnol
> (Fonte: The Intercept)

O "povão" é formado pelos outros 152 milhões (classes G, H e I), que seguem o que os grupos de cima determinam. Já o topo da nossa pirâmide social é extremamente elitista, o que por sua vez também tem uma explicação científica, histórica e cultural.

Após quase quatrocentos anos de escravidão no Ocidente e pouco menos de cem anos depois de a Lei Áurea (1888) ser assinada no Brasil, mais precisamente, nas décadas de 1970 e 1980, duas tendências que ficaram conhecidas como "reducionismo biológico" e "determinismo genético" ganharam muita força entre as comunidades científicas norte-americana, britânica e europeia, em geral.

O intuito destas linhas de investigação era tentar explicar o ser humano utilizando parâmetros exclusivamente fisiológicos (reações químicas e físicas que acontecem no organismo humano) e, supostamente, predeterminados, sem levar em conta toda a complexidade das relações humanas e a importância dos ambientes culturais e sociais nos quais os indivíduos se desenvolvem.

Neste contexto, dois livros se destacaram, porque as suas teses transcenderam os muros das universidades e ganharam ressonância na cultura popular da época: The Selfish Gene (O Gene Egoísta), do biólogo britânico Richard Dawkins, e Sociobiology (Sociobiologia), do entomologista norte-americano Edward Osborne Wilson.

Essencialmente, o livro O Gene Egoísta sugere que o ser humano é produto dos seus genes. Portanto, de acordo com este raciocínio, tudo o que fizermos durante a vida (e a forma como nos constituímos como indivíduos) está predeterminado no nosso material genético.

O livro Sociobiologia foi um passo à frente no pré-determinismo. Nele, Wilson afirma que o comportamento dos seres humanos é determinado por aspectos biológicos e universais e que incluem a agressão, a dominação dos homens sobre as mulheres, o racismo e a homofobia, por exemplo, entre tantos outros padrões de comportamento que estão programados de forma irremediável nos nossos genes e não podem ser evitados.

Com base nestas ideias, formou-se uma das maiores polêmicas dos Estados Unidos, Inglaterra e França sobre o que ficou conhecido como "racismo científico", que era, falaciosamente, a afirmação de que os brancos são dominantes sobre os negros, porque os negros possuem uma inteligência geneticamente inferior aos brancos.

Apesar de totalmente desacreditadas pela ciência moderna em todo o planeta atualmente, uma vez estabelecidas, certas narrativas podem perdurar por muitas décadas até perderem a influência no senso comum. Exemplos não faltam. Precisamente por isso, como pré-candidato à Presidência da República, Jair Bolsonaro fez ataques de cunho racista, em tom de piada, contra negros durante um discurso no Clube Hebraica, no Rio de Janeiro, em abril de 2017.

"Eu fui num quilombo. O afrodescendente mais leve lá pesava sete arrobas. Não fazem nada. Eu acho que nem para procriador ele serve mais", disse o atual presidente do Brasil, que também afirmou que a sua filha nasceu mulher em virtude de uma "fraquejada" e que preferiria ver o próprio filho "morto em um acidente" caso ele fosse homossexual.

Este tipo de raciocínio, que ataca negros, gays e mulheres, é percebido como "humor", de forma natural ou como "brincadeira" por boa parte da população brasileira por conta das associações implícitas que permeiam toda a visão de como o mundo funciona (ou deve funcionar) segundo a visão do elitismo histórico-cultural.

Some-se a isso a já mencionada pirâmide brasileira. Com cerca de 15 milhões de pessoas que possuem este tipo de visão e uma força desproporcional quando se trata de convencer os outros 152 milhões, preconceitos como racismo, homofobia e discriminação social se materializam. O elitismo pode estar presente, também, na seletividade de seus alvos de combate à corrupção.

Desta forma, é pouco provável que os vazamentos do The Intercept de fato criem o nível de mobilização e indignação social que produziram os vazamentos de 2016 junto às massas, porque, agora, as classes A, B, C, D, E e F não têm o mesmo ímpeto político, coesão e apetite para combater a corrupção (e convencer o restante da população) que demonstraram há três anos contra o governo petista.

UOL, 5 de setembro de 2019.

4
EDUCAÇÃO POLÍTICA, A SUBJETIVIDADE INTEGRAL E UMA CONSCIÊNCIA CRÍTICA COLETIVA CONTRA A IGNORÂNCIA

O elemento mais elementar à ascensão e manutenção do bolsonarismo no Brasil é a ignorância, no sentido literal do substantivo feminino: estado de quem não está a par da existência ou ocorrência de algo. Com mais de 11 milhões de analfabetos e centenas de milhões de pessoas que se instruem quase exclusivamente via Internet e televisão, o Brasil segue extremamente carente de educação política genuína para atingir um nível de individualidade mais integral e produzir uma consciência crítica coletiva por meio da qual fatos são fatos.

Mas o que é educação? Paulo Freire, Patrono da Educação Brasileira e considerado um dos pensadores mais notáveis na história da pedagogia mundial, define a educação como "o processo constante de criação do conhecimento e de busca da transformação-reinvenção da realidade pela ação-reflexão humana". Em sua obra clássica, intitulada Pedagogia do Oprimido, Freire afirma também que "a educação é libertadora quando o oprimido aprende a identificar e a questionar a sua relação com o seu opressor" para ser capaz de utilizar esta educação como "instrumento de mudança e justiça social".

Seguindo este mesmo raciocínio, mas aplicado à vida social dos seres humanos, o conceito de ordem, de acordo com Hedley Bull, o renomado professor de Relações Internacionais, significa um "arranjo específico da vida social que seja adequado à promoção de determinadas metas e/ou valores essenciais à vida do sujeito". Ou seja, de acordo com estes preceitos, uma sociedade extremamente instruída e organizada para aniquilar os seus "inimigos" não possui educação e não está em ordem. O mesmo vale para as nações e para os indivíduos. Instrução não significa necessariamente educação e organização não é sinônimo de ordem neste contexto. Portanto, mais importante do que simplesmente investir em educação é saber como aprimorar a formação do desenvolvimento desta espécie de consciência crítica coletiva nas próximas gerações. Falhar neste esforço vem nos acarretando efeitos trágicos ao longo dos séculos. Com uma educação reducionista, todos os outros aspectos do desenvolvimento social e da vida em geral ficam debilitados.

O que é política? O que são escolhas políticas? Quem as faz? Por definição, política é a "arte ou ciência da organização, direção e administração de Nações ou Estados". Desta forma, todos os agentes envolvidos em determinado contexto social fazem escolhas políticas de alguma maneira. Todos os seres humanos, sem exceções e incluindo até os bebês, que choram quando querem mamar ou sentem dor, adotam medidas políticas, mais ou menos conscientes, em diferentes níveis e de diversas formas. Neste sentido, a política é uma característica inerente e irrefutável da vida humana.

Uma escolha política não significa unicamente se declarar a favor de determinado partido, ideologia ou candidato. Quer dizer, principalmente, que é preciso escolher como tratar um vizinho no elevador, parar ou não na faixa para o pedestre atravessar, lesar o erário, jogar o lixo pela janela do carro, sonegar impostos ou prejudicar um colega de trabalho para obter uma promoção, por exemplo. Entre muitos outros aspectos que formam a rotina cotidiana. Neste contexto, as escolhas políticas constituem, em última análise, o caráter das instituições ideológicas (conjuntos de premissas e ideias) e físicas (entidades formais) que orientam a formação de uma sociedade civil moderna. A questão principal neste caso é que o nível de consciência das tomadas de decisões políticas cresce na proporção em que aumentam os recursos intelectuais de determinado povo, mas não necessariamente de forma automática ou imediata, e tendo em vista um conceito específico do que são e para que servem esses recursos cognitivos, efetivamente.

De qualquer forma, o fato é que desconhecendo os seus processos históricos, a dinâmica que conduz o funcionamento da sua atual sociedade e para onde os indícios por ela produzidos estão apontando no futuro, determinada nação está literalmente cega. Assim, resta à população somente basear todas as suas escolhas, sua visão e atuação sobre o mundo, no que se absorve por meio de determinado jornal, revista, rádio, TV, redes sociais ou WhatsApp. Sem questionamentos mais profundos ou qualquer tipo de avaliação crítica para lidar com o que se recebe.

Para Guillermo Arias Beatón, psicólogo com doutorado em Ciências Pedagógicas pelo Instituto Central de Ciências Pedagógicas de Cuba (1987), as sociedades modernas produzem indivíduos que não são capazes de desenvolver o que ele chama de "subjetividade integral".

A subjetividade é o termo usado para conceituar a propriedade humana de transformar em subjetivo (espiritual, psíquico, mental ou psicológico) aquilo que o sujeito vive em sua vida concreta, sendo a sua máxima expressão a formação da consciência, da autoconsciência, do comportamento humano e da personalidade. Ou seja, o psíquico ou a subjetividade são ideias, emoções, sentimentos, as funções psíquicas superiores (linguagem, cálculo, desenho, escrita, artes, percepção, memória, atenção, pensamento, formação de conceitos etc.) e o emprego dos símbolos, signos e significados. Os conhecimentos adquiridos e o poder de ser capaz de explicar a nossa existência, da natureza e da sociedade por meio deles. Estas formações psíquicas ou subjetivas são, no ser humano, de natureza cultural, histórica. São produzidas em um ambiente ou contexto social. Conhecer este ambiente é fundamental.

Esta qualidade do desenvolvimento psíquico humano (ou da subjetividade humana) depende da educação, da formação que o sujeito recebe ao longo de toda a sua vida. Existem diferentes níveis de desenvolvimento dessa subjetividade ou mentes. Podemos notar isso facilmente quando olhamos para a diversidade humana. Então, esta formação depende muito da integralidade que a educação oferecida apresenta, para que o sujeito possa apropriar-se ao máximo de todos os conteúdos e meios de cultura, dos conhecimentos acumulados mais variados, para ser capaz de vivenciar as emoções, os afetos e os sentimentos em todas as suas expressões, estando ciente deles. Além disso, que esteja também consciente de como se formam as suas necessidades e da existência da tarefa do ser humano de atuar em benefício de outros seres humanos.

Quando a educação é incompleta e elaborada somente para habilitar e capacitar o sujeito ou, em outras palavras, para torná-lo apto a produzir, um crime contra a humanidade é cometido porque o processo de desenvolvimento integral dos seres humanos é tolhido. "Esse é o pior erro que o ser humano vem cometendo ao longo da História. Felizmente, mesmo com as contradições e os erros típicos das suas épocas, temos alguns legados de pensamentos dos antigos na Ásia, na América Latina e, no século XVII, Francis Bacon, no Ocidente. Todos estes pensadores nos alertaram sobre este mal que vem sendo feito pelo ser humano por milênios. Eles nos explicam, com seus conhecimentos e sentimentos, esses males", ressalta Beatón.

Além disso, no momento da crise da aristocracia e do feudalismo, os renascentistas e iluministas também destacaram esta questão, mas a sociedade de exploração, que foi organizada por parte da população, frustrou estas observações e desenvolveu o que estamos vivendo até hoje, que era o ideal ou a utopia daquela época. Talvez esse tenha sido o caminho para organizar a sociedade na História e o que foi necessário acontecer para produzir o desenvolvimento das forças produtivas que temos hoje. Apesar disso, já passou da hora de analisarmos criticamente essas contribuições dos nossos anciões.

O problema é que a ambição, o hedonismo, a premissa de que há seres fortes em detrimento de outros fracos e as vaidades humanas produzem tudo o que temos hoje e não permite que as mudanças necessárias na sociedade viabilizem, finalmente, o tipo de educação que desenvolva a subjetividade de forma integral e produza uma consciência crítica coletiva nos seres humanos. Porque há pelo menos 800 mil anos o homo sapiens já possui as condições biológicas para alcançar o desenvolvimento pleno destes aspectos que são fundamentais para almejarmos níveis superiores de desenvolvimento humano.

Neste processo está incluída a educação tradicional, que geralmente é muito insuficiente, além de organizada e fornecida para os seres humanos apenas para formar competências, recursos cognitivos e intelectuais: sem virtudes, sentimentos, estados emocionais ou motivações verdadeiramente humanas, a fim de produzir o que o paradigma atual exige.

Trata-se de uma educação para contribuir na formação de um ser humano que atenda às demandas da natureza alienante desta sociedade. Consegue-se, de uma forma ou de outra, que esta educação não permita a formação e o desenvolvimento desta subjetividade integral e, consequentemente, de uma consciência crítica coletiva, que implique uma concepção do mundo que ajude as pessoas a explicarem criticamente a existência e a vida. Tudo isso é apoiado não apenas pela instrução oferecida pelas escolas, mas também pela educação produzida pelos meios de comunicação, que são dominados pelas elites das sociedades atuais em praticamente todo o planeta e reforçam todo este mecanismo.

GGN, 11 de outubro de 2019.

5
COM "IDEÓLOGOS DO CAOS", EXTREMA DIREITA CONSTRÓI UM PROJETO GLOBAL

O que Donald Trump, Roger Stone, John Bolton, Steve Bannon e Robert Mercer, por exemplo, possuem em comum com o Brasil? Todas estas figuras, exceto o presidente dos Estados Unidos, são totalmente desconhecidas no País e influenciaram, direta ou indiretamente, o rumo das eleições presidenciais brasileiras de 2018 de forma substancial.

Eleito em 2016, Trump ofereceu a referência ideal de um homem de negócios branco, bem sucedido, misógino, racista, agressivo e que, ainda assim, foi capaz de se tornar "o líder da maior nação do mundo". Para o brasileiro médio, que usa os Estados Unidos como modelo, este foi um aspecto fundamental para tornar Bolsonaro muito mais palatável. Foi elementar para fortalecer o estereótipo do sujeito tradicional (conservador), meritocrata, provedor e que deve ser forte para "vencer a qualquer custo".

Com uma tatuagem do rosto de Richard Nixon, ex-presidente estadunidense, estampada nas costas, Roger Stone, um dos principais consultores políticos da campanha de Trump em 2016, foi talvez a figura central responsável por estimular estes tipos de raciocínios na população mais conservadora dos Estados Unidos e, consequentemente, do Brasil e de outras partes do mundo em seguida.

Em seu livro, intitulado Stone's Rules: How to Win at Politics, Business and Style (Regras do Stone: como vencer em política, negócios e estilo), Stone elaborou uma série de regras para sintetizar todo o pragmatismo da sua filosofia de vida e de trabalho, entre as quais o autor ressalta que "é melhor ser infame do que totalmente desconhecido", vale absolutamente tudo para vencer e que um bom político nunca deve admitir nenhum erro, mas sim negar tudo e lançar-se imediatamente ao contra-ataque.

"Você tem que ser ultrajante para ser notado e vencer", diz Stone, que se autointitula "um jogador sujo" e "o inventor" das campanhas falsas e difamatórias nas disputas políticas. Soa familiar? Roger Stone foi detido pelo FBI em janeiro de 2019 em sua residência, na Flórida (EUA), acusado de mentir aos investigadores estadunidenses sobre os esforços dos principais assessores de campanha de Trump para descobrir e-mails que o governo russo roubou da campanha da democrata Hillary Clinton, em 2016. O caso inclui obstrução de justiça e adulteração de testemunhas.

Stone é o exemplo clássico do que eu chamo de "ideólogo do caos": burocratas com décadas de experiência na máquina política norte-americana que utilizam uma filosofia absolutamente utilitarista (e ultrajante) para causar impacto junto às massas e viabilizar a atuação de nações (e grupos muito poderosos) no sentido de influenciar os rumos políticos de outros países. Apesar disso, nos dias atuais, basicamente todas as principais potências do mundo utilizam recursos similares para exercer influência sobre a percepção pública e as eleições de outras sociedades. São os jogos dos estados modernos.

Por exemplo, no livro As entrevistas de Putin, do cineasta Oliver Stone, o presidente russo afirma que "os nossos parceiros europeus e norte-americanos conseguiram tirar proveito do descontentamento do povo ucraniano. Em vez de tentarem descobrir o que de fato acontecia, eles decidiram apoiar o golpe de estado", diz Putin, que por sua vez é acusado pelos Estados Unidos de interferir diretamente nas eleições presidenciais norte-americanas de 2016, favorecendo o então candidato republicano Donald Trump. A eleição presidencial estadunidense de 2016 foi muito apertada e ter amigos no Kremlin pode ter significado a diferença entre a derrota e a vitória para Trump.

"Sabemos acerca das ONGs que atuavam na Ucrânia. Sabemos que Victoria Nuland, subsecretária de Estado para a Europa Oriental, acho, era muito ativa no apoio à mudança do governo. Sabemos que o senador John McCain foi visto em manifestações com líderes extremistas, incluindo alguns neonazistas. Sabemos que a National Endowment for Democracy, que também é uma ONG muito influente, era muito ativa ali. Carl Gershman, que era o presidente dessa fundação, fez discursos muito enfáticos, defendendo uma Ucrânia independente. E sabemos que o bilionário George Soros, financiador de hedges, também estava muito envolvido no apoio a grupos ucranianos", escreve o cineasta Oliver Stone, referindo-se à atuação do seu próprio governo (EUA) e do bilionário Soros no sentido de desestabilizar o governo ucraniano entre os anos de 2013 e 2014.

Este caso, que ficou conhecido no Ocidente como a Revolução Ucraniana de 2014 (assim como no Brasil, entre 2013 e 2014 também houve inúmeros protestos na Ucrânia) representa bem o xadrez, todos os tipos de agentes clássicos destes jogos de estados modernos e como cada qual se movimenta no tabuleiro para avançar as suas posições, explorando os ímpetos preexistentes em determinada população.

"Em meu filme Snowden, me foi contada a seguinte história: em 2007 e 2008, Snowden servia no Japão e a NSA (Agência de Segurança Nacional dos EUA) pediu para os japoneses espionarem sua população. Os japoneses disseram 'não', mas nós (estadunidenses) os espionamos assim mesmo. Mas não paramos nisso. Como conhecíamos o sistema de comunicação japonês, instalamos malwares na infraestrutura civil, para a eventualidade de o Japão deixar de ser nosso aliado. Snowden também descreveu situações semelhantes no Brasil, no México e em muitos países europeus. É bastante surpreendente que façamos isso com os nossos aliados", lamenta Oliver Stone em seu livro.

Jogos de estados das sociedades civis modernas: conquiste a opinião pública seja como for, por meio do ódio e do medo caso esta abordagem funcione, para vencer. Mas, para fazer isso, é preciso estar presente, escutar, observar, entender e manipular o que as pessoas sentem de forma mais ou menos coletiva em certa sociedade. Ainda no dia 29 de novembro de 2018, cerca de um mês antes de ser empossado, o então presidente-eleito Jair Bolsonaro recebeu em sua casa, no Rio de Janeiro, o então 27º assessor de Segurança Nacional dos Estados Unidos. John Bolton, conhecido por avançar sugestões ultraconservadoras, tais como o fim das Nações Unidas e o não cumprimento das regras internacionais, por exemplo, ficou na casa do presidente brasileiro por menos de uma hora em reunião que foi realizada a portas fechadas.

Em março de 2002, Bolton, que então ocupava o cargo de Subsecretário de Estado para Controle de Armas e Segurança Internacional no governo Bush, conseguiu derrubar o diplomata brasileiro José Maurício Bustani, que era o diretor-geral da Organização para a Proibição de Armas Químicas (Opaq), em Haia, na Holanda. Bolton foi um dos principais defensores da tese de que o ditador iraquiano Saddam Hussein possuía armas de destruição em massa para justificar a invasão do país pelos EUA, o que aconteceu em 2003.

"Quando anunciei que teríamos dois novos membros, Iraque e Líbia, os americanos ficaram alucinados. Eles sabiam que faríamos inspeções no Iraque e isso demonstraria que Saddam não tinha armas químicas. Como já tinham planos de invadir o país, disseram-me que eu não tinha o direito de aceitar os dois países sem antes consultar os Estados Unidos", disse Bustani à Folha em entrevista publicada no dia 30 de março de 2018. Bolton é outro típico "ideólogo do caos".

Mais um exemplo de como tais conselhos que visam a estimular o medo e o ódio presentes em determinada população foram explorados por grupos externos pode ser verificado com o estudo de caso do Brexit, a saída do Reino Unido da União Europeia (UE).

No dia 26 de junho de 2016, os britânicos foram às urnas e votaram pela retirada do Reino Unido do bloco da União Europeia. "Uma sombria operação global envolvendo big data, amigos bilionários de Trump e as forças díspares da campanha Leave (em favor da saída da UE) influenciaram o resultado do referendo da UE. Agora, a Grã-Bretanha se dirige às urnas novamente, mas o nosso processo eleitoral ainda está apto para servir o seu propósito?", questionou a jornalista Carole Cadwalladr em seu texto publicado pelo jornal inglês The Guardian, no dia 7 de maio de 2017.

De acordo com Cadwalladr, um ex-funcionário da empresa Cambridge Analytica lhe contou os detalhes de como estas operações funcionam. "Em janeiro de 2013, um jovem pós-graduado americano estava passando por Londres quando foi chamado pelo chefe de uma empresa onde ele havia estagiado anteriormente. A empresa, SCL Elections, foi comprada por Robert Mercer, um bilionário oculto de hedge funds, renomeada como Cambridge

Analytica e ficou famosa como a empresa de análise de dados que influenciou as campanhas de Trump e do Brexit", introduz o texto da jornalista.

Nesta matéria, o ex-funcionário da Cambridge Analytica explica como o Brexit foi influenciado pelo que ele chama de "Psyops: Operações psicológicas. Os mesmos métodos que os militares usam para efetuar a mudança do sentimento em massa. É o que eles querem dizer com 'corações e mentes'. Nós estávamos apenas fazendo isso para ganhar as eleições nos tipos de países em desenvolvimento que não têm muitas regras", afirma o entrevistado.

O resultado do Brexit derrubou o mercado financeiro e causou descrença em todo o planeta. No começo da madrugada seguinte à votação, manhã na Ásia, a libra esterlina atingiu o menor valor em relação ao dólar em mais de três décadas. Na Ásia, as Bolsas despencaram em Seul (-4,09%), Tóquio (-7,22%) e Hong Kong (-4,67%). Mesmo com todo este caos, o The Movement e o seu idealizador, Steve Bannon, que também foi o estrategista-chefe da campanha de Trump em 2016, estavam apenas começando.

Em entrevista publicada pela Folha, no dia 29 de outubro de 2018, Bannon, que manteve um contato próximo com Eduardo Bolsonaro durante todo o período eleitoral, diz que Jair Bolsonaro é um "líder populista nacionalista brilhante" e vai trazer o The Movement ao Brasil.

"Estou muito focado em transformar o The Movement em algo global e o Bolsonaro é parte disso. Passei muito tempo estudando o Brasil e acompanho de perto a política", afirmou Bannon, que possui esta aliança internacional de bilionários, plutocratas, tecnólogos e líderes políticos da "ultra-direita liberal", com Donald Trump (EUA), Robert Mercer (EUA), Matteo Salvini (Itália), Giorgia Meloni (Itália), Luigi Di Maio (Itália), Geert Wilders (Holanda), Marine Le Pen (França), Mischaël Modrikamen (Bélgica), Sebastian Kurz (Áustria), Viktor Orban (Hungria), Nigel Farage (Reino Unido), Recep Erdogan (Turquia) e Rodrigo Duterte (Filipinas), por exemplo. Algumas das mentes mais conservadoras do planeta.

Ao que tudo indica, processos similares deverão ocorrer novamente ao redor do mundo em 2020.

UOL, 24 de outubro de 2019.

6
EDUARDO BOLSONARO GERA CRISE DIPLOMÁTICA SEM PRECEDENTE COM A CHINA

O deputado federal Eduardo Bolsonaro pode ter iniciado ontem uma crise diplomática sem precedente com a China, que atualmente é o maior parceiro comercial do Brasil na sociedade internacional. Eduardo usou a rede social Twitter para transmitir uma mensagem que responsabiliza o Partido Comunista Chinês, que governa o país asiático, pela pandemia do coronavírus. Contudo, o parlamentar brasileiro foi além: "Quem assistiu Chernobyl vai entender o q (sic) ocorreu. Substitua a usina nuclear pelo coronavírus e a ditadura soviética pela chinesa. A culpa é da China e liberdade seria a solução", disse o filho mais novo do presidente Jair Bolsonaro.

Ainda ontem, a Embaixada da China no Brasil usou a sua conta oficial na mesma rede social para responder a acusação feita sem provas. Na mensagem, os chineses aludiram às declarações do presidente dos Estados Unidos, Donald Trump, e à viagem da comitiva liderada pelo presidente Jair Bolsonaro à Flórida: "As suas palavras são extremamente irresponsáveis e nos soam familiares. Não deixam de ser uma imitação dos seus queridos amigos. Ao voltar de Miami, (você) contraiu, infelizmente, um vírus mental, que está infectando as amizades entre os nossos povos", rebateram os chineses.

Em outra postagem, a diplomacia chinesa no Brasil afirmou que, "lamentavelmente, você (Eduardo Bolsonaro) é uma pessoa sem visão internacional nem senso comum, sem conhecer a China nem o mundo. Aconselhamos que não corra para ser o porta-voz dos EUA no Brasil, sob a pena de tropeçar feio".

No fim da semana passada, Zhao Lijian, especialista chinês em doenças respiratórias, veterano da epidemia da Síndrome Respiratória Aguda

Grave (SARS, entre 2002 e 2003) e porta-voz do Ministério de Relações Exteriores da Ásia, sugeriu, também sem apresentar provas, que o Exército dos Estados Unidos seria responsável pelo surto do novo coronavírus, que teve origem na cidade de Wuhan, na China.

Em seu tweet, Zhao Lijian postou um vídeo do diretor dos Centros de Controle e Prevenção de Doenças dos Estados Unidos (CDC), Robert Redfield, declarando perante o Congresso dos Estados Unidos que alguns americanos, que possivelmente teriam morrido de gripe, já eram portadores do novo Coronavírus. "O CDC foi pego em flagrante crime. Quando o paciente zero apareceu nos Estados Unidos? Quantas pessoas foram infectadas? Quantos dos 34 milhões de casos de gripe e 20 mil mortes que foram relatadas por Washington estão relacionados com a Covid-19?", questionou em sua postagem. "Pode ter sido o exército americano que levou a epidemia a Wuhan. Os Estados Unidos devem ser transparentes! Devem publicar os seus dados! Os Estados Unidos nos devem uma explicação", complementou Zhao, sem apresentar provas, indícios ou estudos científicos para respaldar a sua acusação.

Em uma série de tweets, Zhao se referiu às declarações recentes de Redfield, que reconheceu que alguns casos de Coronavírus dos EUA foram classificados erroneamente como influenza, pois os médicos não tinham provas precisas da nova epidemia na época. O alto funcionário não detalhou quando esses casos mal avaliados apareceram pela primeira vez e apenas observou que "alguns casos foram diagnosticados dessa maneira". No início do surto, Zhong Nanshan, diretor do Centro Chinês de Controle e Prevenção de Doenças, declarou que o Coronavírus apareceu em um mercado na cidade de Wuhan. Contudo, nas últimas semanas, ele levantou a possibilidade de que a fonte do vírus causador do Covid-19 não estivesse na China, hipótese que foi adotada por Pequim.

Segundo teorias que circulam nas mídias sociais Twitter e Weibo, a delegação dos EUA nos Jogos Mundiais Militares, uma competição que foi realizada em outubro de 2019, em Wuhan, poderia ter trazido o vírus para a China. Contudo, as autoridades chinesas foram acusadas de ocultar a epidemia no início e a polícia de Wuhan repreendeu os médicos que deram o alarme ainda em dezembro.

Mike Pompeo, secretário de estado dos EUA, referiu-se ao Covid-19 como "o vírus Wuhan" e Trump usou o termo "vírus chinês" em pronuncimanento feito via televisão para todos os Estados Unidos. As expressões foram classificadas como "desprezíveis" pelo Ministério das Relações Exteriores da China.

Na última sexta-feira, o Departamento de Estado dos EUA convocou Cui Tiankai, embaixador chinês no país, para protestar contra os comentários feitos por Zhao Lijian. David Stilwell, subsecretário de Assuntos do Leste Asiático e do Pacífico, disse que as mensagens contribuem para uma "campanha de desinformação flagrante e global" sobre o Coronavírus.

O embaixador chinês foi filmado deixando os escritórios do Departamento de Estado em Washington. O diplomata não respondeu os questionamentos da imprensa.

A Embaixada da China no Brasil também replicou uma série de mensagens do embaixador chinês em solo brasileiro. Yang Wanming exigiu que Eduardo Bolsonaro "retire imediatamente" as palavras e "peça desculpas ao povo chinês". "As suas palavras são um insulto maléfico contra a China e o povo chinês. Tal atitude flagrante anti-China não condiz com o seu estatuto como deputado federal, nem a sua qualidade como uma figura pública especial. "Além disso, vão ferir a relação amistosa China-Brasil. Precisa assumir todas as suas consequências", completou o diplomata.

O saldo comercial (US$20,166 bilhões) e as exportações brasileiras para a China (US$47,488 bilhões) atingiram o recorde histórico em 2017, impulsionados, principalmente, pela demanda aquecida do país asiático, cuja economia expandiu mais do que o esperado. Segundo a Agência Nacional de Estatísticas da China, o Produto Interno Bruto (PIB) chinês vem crescendo acima da casa dos 6% durante os últimos cinco anos.

A demanda do país pelas commodities brasileiras, principalmente agrícolas, carne bovina e suína, deve continuar subindo na próxima década, puxando o crescimento do saldo das exportações brasileiras ao país. A China está reorganizando os investimentos para o consumo interno, que era voltado para o comércio externo. Assim, cerca de 55% dos chineses (mais de 750 milhões de pessoas) vivem agora em áreas urbanas, o que aponta uma continuidade de expansão da demanda interna. Espera-se que, até 2030, 70% da população chinesa esteja vivendo em áreas urbanas.

Ou seja, a China é um mercado quase inesgotável, absolutamente vital para os produtos brasileiros, e país com o qual o Brasil historicamente sempre manteve uma relação cordial e respeitosa.

Independentemente de onde o vírus infectou o paciente zero, o fato é que o Covid-19 tornou-se o assunto mais falado da nossa história recente. Naturalmente, a doença será objeto de disputas e enfrentamentos no âmbito internacional, porém, atacar o nosso principal parceiro comercial de forma tão leviana pode custar muito caro ao Brasil.

GGN, 19 de março de 2020.

7
BIÓLOGA ALEMÃ: "BOLSONARO PODE COMPROMETER O SISTEMA DE SAÚDE DO PAÍS"

O simbolismo presidencial é uma das principais forças de qualquer gestão federal. As ideias adotadas e avançadas pelo presidente da República e membros do seu gabinete ganham ressonância na cultura popular do País e se consolidam em ações práticas que orientam o rumo da nação, principalmente em momentos de crise. É imprescindível muita cautela na forma como este instrumento político é utilizado.

O pronunciamento desta terça (24) do presidente Jair Bolsonaro, contudo, evidencia um completo delírio de quem não compreende, minimamente, sequer estes conceitos. Isolado, Bolsonaro contraria não somente a OMS (Organização Mundial da Saúde), os chefes de Estado de todo o mundo e os governadores estaduais, mas a sua própria administração, que, na figura do Ministério da Saúde, tem tentado sobreviver à intromissão política.

Em basicamente todo o planeta, aeroportos, fronteiras, igrejas, empresas, escolas, bares e restaurantes estão fechados, pessoas foram proibidas de sair em grupos e existem medidas de distanciamento social sendo adotadas em ampla escala para evitar o pior cenário que a pandemia pode produzir.

Nas praias do litoral paulista, por exemplo, até os surfistas foram impedidos de entrar no mar pela polícia local.

Segundo especialistas que falaram ao blog, até este ponto ninguém tem imunidade contra o coronavírus e é por isso que o número de pessoas infectadas cresce exponencialmente. Eles alertam que a forma como Bolsonaro vem lidando com a pandemia do Brasil é catastrófica e deverá transformar o país no maior ponto de infecção da América Latina em algumas semanas. Além de demorar para agir, a administração bolsonarista vem emitindo sinais à população que estimulam o menosprezo à seriedade que a situação requer.

"Especialistas (na Europa) pensam que o que ele faz é bastante perigoso. Ele tenta evitar uma crise econômica, mas pode comprometer o sistema de saúde de todo o país. Na Europa, a maioria das pessoas trabalha em regime de home office e tem evitado os contatos sociais em universidades, escolas, transportes públicos, restaurantes, bares, igrejas etc. Todos os estabelecimentos estão fechados. Isso reduzirá as taxas de infecção. O objetivo é proteger o sistema de saúde, com os hospitais, de ser sobrecarregado pelos pacientes. Ainda assim, as taxas de infecções dobram a cada três ou quatro dias", explica a alemã Nadine Bongard, doutora (PhD) em biologia e pesquisadora.

De acordo com ela, o problema é que o tempo médio de incubação do vírus gira ao redor de seis dias. "Ou seja, você pode infectar muitas pessoas antes de sequer apresentar quaisquer sintomas ou saber que tem o vírus. As pessoas em risco são, especialmente, as pessoas mais velhas, que têm doenças concomitantes, como diabetes e problemas cardíacos, mas todos estão suscetíveis e podem transmitir o patógeno. Evite os seus contatos sociais o máximo possível. Lave as mãos com muita frequência e deixe o sabão desinfetá-las por no mínimo trinta segundos. Não abrace as pessoas, beije-as ou aperte as mãos. Compre comida e água suficientes somente para quatorze dias e fique em casa sem pânico", recomenda a bióloga.

Ainda segundo ela, a capacidade de contágio do vírus pode ser trágica nas comunidades mais carentes do Brasil. "Quando (o vírus) chegar às favelas, pode se tornar enorme por causa dos padrões de higiene inexistentes. Aqui na Europa, fazemos qualquer coisa para diminuir as taxas de infecção para proteger nossos hospitais de serem sobrecarregados pelos pacientes".

"Os hospitais tentam se preparar ensinando seus funcionários, comprando novos equipamentos e assim por diante. Acho que o Brasil deveria se preparar muito bem, porque a Covid-19, que é a abreviação da doença causada pelo vírus corona em 2019, é causada, principalmente, por infecções por gotículas. Os sintomas são muito inespecíficos e apresentam alta variação. Essencialmente, são infecções por fibras e pulmões. Até o momento, não temos medicamentos ou vacinas disponíveis para ajudar os pacientes ou impedir que as pessoas sejam infectadas", prossegue Bongard.

Existem diferentes tipos de vacinas que poderiam ser usadas para causar proteção contra uma infecção por um vírus, como formas enfraquecidas ou mortas do próprio organismo ou proteínas que ele produz, por exemplo. O objetivo de uma vacina é estimular o sistema imunológico a ser capaz de defender o vírus sem causar uma infecção. Assim, caso você seja infectado, o seu sistema imunológico poderá controlar a situação muito mais rapidamente, pois o corpo desenvolve um tipo de memória causada pela reação da vacina.

"É difícil dizer da minha perspectiva, mas acho que pelo menos meses (para a produção de uma vacina eficiente contra o coronavírus). Existem publicações que descrevem a possibilidade do uso de soro convalescente de pacientes que já superaram a infecção e desenvolveram anticorpos neutralizantes. Podemos usar isso, principalmente, para proteger as pessoas profilaticamente, mas isso não causará uma resposta imune contra o vírus pelo próprio hospedeiro", garante a pesquisadora.

"Há também uma empresa chamada CureVac, aqui na Alemanha, que produz vacinas com base mRNA (mRNA-based vaccines) e eles pensam que talvez tenhamos algo no outono. A pesquisa está muito dinâmica agora e pesquisadores de todo o planeta estão trabalhando no coronavírus neste momento. As publicações normalmente levam meses, mas todos tentam fornecer informações o mais rápido possível, mas isso também significa que, às vezes, as hipóteses acabam erradas. Estamos crescendo e tentando aprender. Precisamos de tempo e da colaboração de toda a sociedade civil e dos governantes e líderes", acrescenta Bongard.

Um estudo apresentado pela J.P. Morgan aponta que o auge do contágio por coronavírus no Brasil deverá acontecer entre os dias 6 e 20 de abril. A projeção foi feita com base nos casos da Itália e da Europa em geral. Para dar mais tempo aos pesquisadores de todo o planeta sem sobrecarregar as equipes médicas além de suas capacidades de atendimento dos pacientes enfermos, os líderes políticos, religiosos e acadêmicos, bem como os empresários e toda a sociedade civil, precisam unir esforços no sentido de reforçar o distanciamento social durante as próximas semanas para achatar a curva de contaminação. Atitudes que estimulam o descaso frente à doença ou incentivam o fanatismo para lidar com a maior e mais séria questão de saúde pública da história humana podem acarretar consequências trágicas.

UOL, 25 de março de 2020.

8
COVID-19 EXPÕE A ESCOLHA POLÍTICA DA CONCENTRAÇÃO DE RENDA

Ao mudar drástica e abruptamente a vida de todo o planeta, o coronavírus oferece talvez a maior chance da história humana até aqui para repensarmos a escolha política pela concentração de renda, não somente no Brasil, que tem um dos arranjos socioeconômicos mais desiguais do planeta, mas no âmbito global, porque o vírus não respeita fronteiras ou classes sociais.

Para aproveitarmos o estimulo à reflexão que o novo vírus oferece é necessário entendermos, primeiramente, o conceito de "escolha política". O que são escolhas políticas? Quem as faz? O que se entende por política atualmente? Teoricamente, a política é a "arte ou ciência da organização, direção e administração de Nações ou Estados". Na prática, todos os agentes envolvidos em determinado contexto social fazem escolhas políticas de alguma maneira. Todos os seres humanos, sem exceções, adotam medidas políticas, mais ou menos conscientes, em diferentes níveis e de diversas formas. Neste sentido, a política é uma característica inerente e irrefutável da vida humana.

Uma escolha política não significa unicamente se declarar a favor de determinado partido, ideologia ou candidato. Quer dizer, principalmente, que é preciso escolher como tratar o vizinho, parar ou não na faixa para o pedestre atravessar, jogar o lixo pela janela do carro, sonegar impostos, burlar licitações ou prejudicar um colega de trabalho para obter uma promoção, por exemplo. Entre muitos outros aspectos que formam a rotina cotidiana.

Neste contexto, as escolhas políticas constituem o caráter das instituições ideológicas – conjuntos de premissas e ideias – e físicas – entidades formais – que orientam a formação de uma sociedade civil moderna. A partir da ação conjunta de algumas dessas instituições – Câmara, Senado e Presidência – foi sancionado nesta quarta (1º) o projeto brasileiro de socorro aos trabalhadores do País, medida que vem sendo adotada por algumas das principais economias do mundo.

No Brasil, a iniciativa idealizada por Paulo Guedes, ministro da Economia de Jair Bolsonaro, pretendia oferecer apenas R$ 200 por mês, durante três meses, para 38 milhões de autônomos que atuam na informalidade. Diversos partidos de oposição apertaram o governo por uma nova proposta: um salário mínimo de benefício por mês e 100 milhões de beneficiados. O acordo final, entretanto, garante um auxílio de R$ 600 mensais por adulto de baixa renda. Famílias com dois trabalhadores ou lideradas por mães solteiras receberão R$ 1.200.

Para os noventa dias, a Instituição Fiscal Independente, órgão técnico de transparência de contas públicas do Senado, estima que o investimento do programa seja de aproximadamente R$ 43 bilhões e mais de 24 milhões de pessoas poderão receber o valor mensal durante os três meses, com possível prorrogação caso a pandemia persista. O próprio conceito de rendimento de cidadania, como renda para os pobres, foi sintetizado pela primeira vez por Thomas More, na obra Utopia, de 1516. Ironicamente, nos EUA, o presidente Donald Trump sancionou o antes impensável e utópico pacote de medidas de estímulos de US$ 2 trilhões, o maior da história.

Mais de 150 milhões de americanos receberão US$ 1.200, mais US$ 500 por filho, com limite de US$ 3 mil por família. Os benefícios do seguro-desemprego serão ampliados em US$ 600 por semana, durante quatro meses. O pacote também cria um fundo de US$ 500 bilhões para ajudar indústrias afetadas e US$ 350 bilhões para empréstimos a pequenas empresas, US$ 250 bilhões para auxílio-desemprego e ao menos US$ 100 bilhões para hospitais e sistemas de saúde.

Entre os políticos brasileiros, ninguém foi mais vocal sobre esta questão do que Eduardo Suplicy. Desde o começo da década de 1990, quando foi eleito senador pela primeira vez, Suplicy defende que o governo distribua renda, mas não somente em tempos de crise. Em 2004, o seu projeto foi transformado na Lei nº 10.835, que institui a renda básica de cidadania. Ou seja, dinheiro pago a todo cidadão, independentemente da classe social, para arcar com despesas básicas de educação, alimentação e saúde.

No mundo, o economista francês Thomas Piketty é um dos principais advogados da ideia. Em seu novo livro, Capital e Ideologia, ele propõe um imposto que permita "dar 120 mil euros a todo mundo aos 25 anos". Ele defende o que chama de "economia participativa ou circular". A ideia é que precisamos da participação de todos, na vida política e econômica, porque não pode haver hiperconcentração do poder em um pequeno número de pessoas. "O poder deve circular", escreve Piketty. Em 2019, a lista da revista Forbes registrou 58 bilionários no Brasil, que juntos totalizam uma fortuna de US$ 175 bilhões (quase R$ 900 bilhões).

Destes, apenas seis concentram o patrimônio equivalente ao de toda a metade mais pobre da nação: mais de 100 milhões de pessoas. Enquanto cinco milhões de crianças brasileiras vivem abaixo da linha da extrema pobreza, sem acesso à saneamento básico ou alimentação básica. Portanto, neste momento a sanção do voucher para trabalhadores informais revela-se vital, no sentido literal do termo. Fica a expectativa, entretanto, de que a injeção de recursos na base da economia siga o mesmo vigor que se aplica aos resgates dos bancos e grandes instituições financeiras em tempos de crise.

Além disso e ainda mais importante, é imprescindível que toda a sociedade civil, mas especialmente os empresários dignos e progressistas do país, optem por adotar escolhas políticas mais saudáveis e que sejam compatíveis com o tamanho da crise que todos enfrentamos neste momento. Utópico?

UOL, 2 de abril de 2020.

9
COVID-19: "SUBNOTIFICAÇÃO NOS DEIXA NO ESCURO, DIZ PROFESSORA DA USP"

À medida que avançam os casos de Covid-19 no Brasil, cresce a apreensão sobre o seus eventuais impactos nas regiões carentes de um País profundamente desigual. Com o vírus chegando às favelas brasileiras, a ausência do federalismo cooperativo e a disseminação de informações falsas ou imprecisas impedem a formulação de políticas públicas assertivas para conter a pandemia de forma adequada.

Considerando um sistema de saúde que estará sobrecarregado em algumas semanas, hoje, são três os maiores obstáculos à luta contra a Covid-19: (1) a falta de alinhamento entre a Presidência da República, o Ministério da Saúde, os governadores de vários estados e prefeitos municipais; (2) casos deliberados de subnotificação da doença, o que impossibilita a formulação de políticas públicas assertivas para endereçar o problema de forma realmente eficaz; e (3) notícias inverídicas que vêm sendo propositadamente disseminadas com o intuito de abreviar a quarentena.

Para Cristiane Kerches da Silva Leite, professora de Gestão de Políticas Públicas e da pós-graduação em Mudança Social e Participação Política da USP, sem a cooperação dos diferentes Poderes da República, e na ausência de dados reais, é inviável elaborar políticas públicas adequadas para lidar com a pandemia. "Os pressupostos básicos para a formulação de políticas públicas, no sentido de fazer planejamento e pensar em um horizonte, são os indicadores. Com dados subnotificados, que não permitem a avaliação do comportamento epidemiológico da doença, e sem a cooperação de todos os níveis do poder, fica praticamente impossível", garante a professora.

Segundo ela, o desenho institucional do Sistema Único de Saúde (SUS) pressupõe uma lógica de coordenação federativa que é afetada no seu âmago neste contexto de crise. "No Brasil, a crise da pandemia se combina com a crise política preexistente, que ganha novos contornos. Então temos dois planos de conflito que se cruzam, formando uma crise de coordenação federativa: o horizontal – dentro do governo federal – e o vertical – entre os níveis federativos –", explica Kerches, que é doutora em Ciência Política pela USP.

Como fazem parte de basicamente todos os aspectos da vida, o dissenso e o conflito também atuam na constituição das políticas públicas. Sobre as divergências entre a Presidência da República e o ministro da Saúde, diz ela: "É anômalo e muito grave política e socialmente. A divergência é profunda e não se dá somente no plano dos instrumentos de política, mas no plano do paradigma, da concepção do fenômeno social imbricado nesta política pública específica. Em meio a tudo isso, cada um tem um cálculo político: Bolsonaro jogando para uma minoria fanática e para os representantes do grande capital e o Mandetta jogando com a configuração de uma imagem para os futuros cenários políticos", acrescenta a acadêmica.

Para ela, o contraponto ao negacionismo bolsonarista tem sido a articulação do ministro da Saúde com atores federativos e do legislativo federal. "A PEC do Orçamento de Guerra reflete isso: a construção de respostas governamentais em alinhamento ao que tem ocorrido em vários países, no que tange à ampliação do gasto social", explica Kerches.

"Com relação ao eixo vertical", prossegue, "todos os atores também jogam politicamente, pensando nos cenários futuros, que se cruzam com a própria instabilidade gerada pelo isolamento de Bolsonaro. Ademais, as relações federativas ficam profundamente tensionadas, o que prejudica a gestão do SUS em termos de financiamento, articulação dos níveis de complexidade e monitoramento neste momento de pressão em toda a sua arquitetura".

Efetivamente, o federalismo brasileiro nunca foi cooperativo. A ideia de cooperação está nos artigos constitucionais, mas a dinâmica política, desde os anos 1980 e 1990, oscilou entre a centralização e a descentralização. "No que tange às políticas sociais, mecanismos de coordenação de políticas foram organizados por área, forjando o princípio de cooperação via mecanismos de indução. Veja as pesquisas da professora Marta Arretche, da USP", salienta Kerches.

Desta forma, principalmente na área da saúde, a articulação entre o governo federal e os governos estaduais e municipais, que se expressa em vários arranjos e de diferentes formas, fica profundamente prejudicada, do ponto de vista institucional e simbólico.

"As condições de trabalho dos profissionais de saúde que estão na ponta, por exemplo, deveriam ser o foco de todas as ações – da Presidência da República às coordenações de saúde municipais – no eixo federativo. Há necessidade de boas condições objetivas de trabalho (materiais, instrumentos, locais estruturados etc.), assim como de apoio social e político mais amplo aos profissionais. É preciso lembrar que, historicamente, o SUS foi vilipendiado por vários setores. Agora, o sistema que sempre foi 'pintado' como ineficiente e 'drenador de recursos' é o nosso bastião de sobrevivência coletiva", diz a professora.

Outro ponto que ela ressalta é o arranjo público-privado na oferta dos serviços de saúde, que está presente em vários municípios e estados brasileiros desde os anos 1990 – com a valorização da Reforma Gerencial, no governo FHC.

"Isso pode agravar o problema de coordenação da política. Formou-se, nas últimas décadas, um sistema estruturado em arranjos fragmentados, descoordenados e desconectados, que gera um ambiente institucional no qual a dimensão pública fica refém das lógicas privadas das organizações. As métricas e objetivos das OSS – como a Cejum, por exemplo – , determinadas nos contratos de gestão, tendem a colidir com a lógica pública coordenada. Por exemplo, sistema de metas de atendimento, ausência de controle social e opacidade na construção de informações podem gerar um grande problema de desconexão entre as estruturas implementadoras e a lógica da política de saúde formulada pelos gestores, que já é bastante tumultuada, conforme comentado", avalia Kerches.

Caso as subnotificações estejam passando por decisões no âmbito desses arranjos, trata-se de um gravíssimo problema, pois não se formula, implementa, monitora e avalia-se políticas públicas sem informações cientificamente confiáveis, conforme supramencionado por ela.

"É fundamental construir políticas públicas com indicadores sociais baseados em dados atualizados, consistentes e comprovados. Desta forma, na medida em que a notificação de casos é uma etapa importante na construção de indicadores que podem ser utilizados para o monitoramento do atual quadro da saúde, a subnotificação nos deixa no escuro, na pior situação possível", alerta a doutora.

Ainda segundo ela, a emenda constitucional do teto – do governo Temer – fragilizou o SUS em vários níveis. "Desde a contratação de pessoal, reposição de material, planejamento de ampliação de postos de saúde e hospitais. Afetou tudo. Foi um impacto linear em insumos, recursos humanos, infraestrutura, em tudo. A própria cobertura vacinal é um indicador que demonstra isso durante os últimos anos", ressalta.

Todos estes dados somados à falta de alinhamento da gestão bolsonarista com o restante do mundo e a sua lógica de propagação das notícias falsas vêm desidratando, politicamente, o presidente da República durante a crise da Covid-19. Recente pesquisa do Datafolha demonstrou que, segundo 51% dos brasileiros entrevistados, Bolsonaro mais atrapalha do que ajuda no combate à pandemia.

"O negacionismo genocida do bolsonarismo precisa ser parado com urgência. Youtube e Twitter 'derrubaram' recentemente algumas postagens proferidas por atores da rede bolsonarista, mas é preciso muito mais do que ações tópicas (…) Há milhares de pessoas que ainda se pautam pelas postagens da rede bolsonarista para organizar a vida e decidir pela adesão ao isolamento, tanto individualmente como na gestão de relações de trabalho. Esta crise é muito séria para ficarmos reféns de um grupo político que já demonstrou total inépcia e que coloca seus cálculos políticos usurpadores acima da dimensão humana e pública", adverte Kerches.

Em termos de políticas de governo para enfrentar a crise, neste momento, a acadêmica acredita na criação de "condições para que os mais pobres sejam protegidos. De imediato, (são necessários) o urgente pagamento da renda básica, a manutenção das demais transferências, como o BPC, e a proposição de outros programas que auxiliem os mais necessitados no plano local. Conclui a professora: "É falaciosa a ideia de que existe uma contraposição entre saúde e economia. O papel mais ativo do Estado é fundamental para fomentar e estruturar os dois eixos. O que se fez até agora, sobretudo no Estado de São Paulo, mas também no restante do País, ainda é muito tímido".

UOL, 7 de abril de 2020.

10
BOLSONARO DEVE SER JULGADO EM TRIBUNAL INTERNACIONAL, DIZEM JURISTAS

Aparalisia do Estado brasileiro para tomar providências diante da série de crimes de responsabilidade e crimes comuns cometidos pelo presidente Jair Bolsonaro ao longo da pandemia levou juristas a pensarem em alternativas.

A coluna conversou com Nuredin Ahmad Allan, advogado e membro da Executiva Nacional da Associação Brasileira de Juristas pela Democracia (ABJD), e Ricardo Franco Pinto, advogado escolhido pela ABJD para conduzir uma denúncia contra Bolsonaro ao Tribunal Penal Internacional (TPI).

A ABJD pretende responsabilizar o presidente brasileiro pela "prática de crime contra a humanidade que vitima a população brasileira diante da pandemia de Coronavírus". Esta é a segunda representação contra Bolsonaro junto ao TPI, já que, em novembro de 2019, a Comissão de Defesa dos Direitos Humanos Dom Paulo Evaristo Arns o denunciou por "crimes contra a humanidade" e "incitação ao genocídio de povos indígenas".

Para os dois advogados, a medida é necessária uma vez que o Estado brasileiro, na figura do procurador-geral da República, se recusa a dar prosseguimento a um processo de responsabilização política ou criminal do presidente.

"Na época da propositura da representação (contra Bolsonaro junto ao TPI), algumas subprocuradorias regionais do Ministério Público encaminharam ao Augusto Aras, o procurador-geral da República e basicamente a única pessoa que pode dar andamento a notícia de crime contra o Jair Bolsonaro, um simples memorando solicitando que fosse recomendada ao presidente a adoção de uma política e de discurso, sobretudo para a população, de não negacionismo e que atendesse às orientações e protocolos que estão sendo adotados em todo o mundo. Tudo isso foi sumariamente ignorado pelo Aras", conta o advogado Nuredin Ahmad Allan.

De acordo com ele, este ponto é nevrálgico para a questão, porque, para ser levado ao TPI, determinado tema deve ter sido exaurido dentro do sistema legal local. "De acordo com o regramento do Tribunal, do Estatuto de Roma, a matéria deve ter sido esgotada no âmbito daquele território, daquele estado-membro. (…) Nós entendemos que se o procurador-geral da República tenta blindar o presidente a tal ponto de sequer encaminhar um memorado que pede a recomendação de conduta, muito mais (custaria) o acionamento concreto e judicial com relação à prática de crime", diz o advogado membro da ABJD.

"Não haverá a possibilidade de Bolsonaro ser indiciado no Brasil pelo cometimento destes delitos. Entende-se que há efetivamente a prática de crime por parte dele. No nosso caso, há dois tipos penais, que – de acordo com o Estatuto de Roma – são crimes contra a humanidade e por isso nós encaminhamos a representação ao TPI", prossegue Ahmad Allan. Segundo a ABJD, Bolsonaro deve ser enquadrado no crime de epidemia, previsto no art. 267, do Código Penal Brasileiro, e na Lei nº 8.072/1990, que dispõe sobre crimes hediondos. Bem como por infringir medida sanitária preventiva, conforme art. 268, também do Código Penal.

Além disso, o presidente estaria infringindo a Lei nº 13.979, que trata especificamente da emergência da Covid-19, e a Portaria Interministerial nº 05, que determina, em seus artigos três e quatro, que o descumprimento das medidas de isolamento e quarentena, bem como a resistência a se submeter a exames médicos, testes laboratoriais e tratamentos médicos específicos, acarreta punição com base nos artigos 268 e 330, do Código Penal.

"Esses crimes são de difícil enquadramento e isso é absolutamente natural nestas situações, salvo em situações de guerra aberta, porque eles lidam com chefes de Estado ou líderes militares, por exemplo. Gente que tem muito poder. Contudo, há uma construção bem racional neste caso, que foi feita com muita precisão e maestria pelo Ricardo Franco Pinto para que a gente consiga demonstrar este nexo de causalidade entre as ações dele (Bolsonaro) e a consequência sobre a população mais idosa e vulnerável (à crise de Covid-19)", complementa Ahmad Allan.

Para o advogado Ricardo Franco Pinto, que tem o reconhecimento do TPI para advogar no Tribunal (List of Counsel), a solicitação de Augusto Aras ao STF (Supremo Tribunal Federal) para a abertura de inquérito que pretende investigar as manifestações do último domingo é uma "cortina de fumaça".

"Serve para desviar a atenção com relação ao que o Bolsonaro está fazendo durante a pandemia. Não tenho a menor esperança de que isso evolua para um procedimento criminal", afirma.

Ainda segundo ele, o Estado brasileiro não tem a intenção de responsabilizar o presidente da República por eventuais crimes cometidos durante a pandemia. "Isso já ficou patente. Além deste memorando que foi enviado ao Augusto Aras, recentemente, o Marco Aurélio, ministro do Supremo Tribunal Federal (STF), também arquivou uma possível investigação criminal contra o Bolsonaro neste sentido. Quando isso ocorre, nós temos a via livre para ir ao TPI e apresentar a comunicação de possível crime para movimentar toda a máquina daquela instituição", salienta o advogado.

"O artigo 7, inciso primeiro, letra k, do Estatuto de Roma, prevê que 'outros atos desumanos que possam afetar gravemente a saúde e a integridade física de outras pessoas' são passíveis deste entendimento. Ou seja, totalmente plausível e aplicável no caso de Jair Bolsonaro, com todas as ações e omissões do presidente durante esta crise", complementa. O TPI reúne 18 juízes de diversas nacionalidades, que são eleitos para mandatos de nove anos, e possui jurisdição complementar às estruturas jurídicas domésticas de cada país-membro. As representações apresentadas contra Bolsonaro estão sob a avaliação da procuradoria do Tribunal, que não tem prazo para deliberar sobre o assunto.

Apesar disso e dependendo do rumo que Bolsonaro adotar nas próximas semanas, os impactos causados pela pandemia podem reforçar as denúncias junto à instituição. "Após grandes pandemias, acontece toda uma gama de verificações e estatísticas, que podem ser usadas para facilmente comparar as medidas que foram adotadas por diferentes países e como estas ações afetaram as suas respectivas populações. Será evidente o numero de vidas que poderiam ter sido salvas e isso servirá como parâmetro para o TPI, sem dúvida", conclui o jurista.

UOL, 21 de abril de 2020.

11
DESINFORMAÇÃO PERMANECE MAIOR OBSTÁCULO NA LUTA CONTRA A COVID-19

Com índices de isolamento social em queda em meio à escalada de mortes e enquanto se torna um dos epicentros mundiais da Covid-19: este é o cenário preocupante que vive o Brasil na sua luta diária contra a pandemia que, em todo o mundo, já contaminou cerca de 3,7 milhões de pessoas, causando 263 mil mortes.

Na semana em que o País tornou-se o 6º do ranking mundial de óbitos em decorrência do novo coronavírus – são 8.536 mortos após atualização do Ministério da Saúde na última quarta (6) – , o blog conversou com Fernando Salvetti Valente, médico assistente do Pronto Socorro de Clínica Médica do Hospital das Clínicas da Faculdade de Medicina da Universidade de São Paulo (HCFMUSP), unidade que é parte da linha de frente da estrutura de saúde pública paulista na guerra contra a pandemia e que, hoje, opera perto do limite da sua capacidade de atendimento.

Para Valente, a rede de desinformação estruturada em torno de mídias sociais e encabeçada pelo presidente Jair Bolsonaro é hoje um obstáculo crucial na luta para manter as pessoas em casa, considerando os baixos níveis de isolamento que permanecem a esticar o pico da doença no Brasil.

Ao longo das últimas seis semanas, ele relata que tratou de "vários" brasileiros que perderam a vida para a Covid-19. "Um paciente, por exemplo, que foi cuidado pelo mesmo (médico) residente por três dias (seguidos), me causou uma impressão forte. Quando ele faleceu, o residente ficou muito emocionado. Toda a equipe, mas aquele médico, em especial, teve mais contato com aquela pessoa e ficou bastante sentido com a perda", relembra.

Segundo ele, a Covid-19 afeta significativamente as relações entre as equipes médicas e os pacientes. "Em certa medida, a doença tira o que eu – enquanto médico – valorizo muito: o contato mais próximo, o olhar no olho, aquele toque acolhedor. (…) No caso desse paciente, eu creio que ele identificou e reconheceu aquele profissional como o médico dele até o momento final. Para mim, a aprendizagem neste caso foi entender que, mesmo em meio às calamidades, a nossa humanidade deve ser fortalecida, porque nós vamos precisar muito dela", ressalta.

O Dr. Valente destacou a sua preocupação com a atuação do presidente Bolsonaro, a qual, segundo ele, "atrapalha bastante" os trabalhos das equipes de saúde. Sobre o enigma que permanece ao redor dos exames do presidente, Valente ressalta que trata-se de um caso preocupante, dentro de um contexto de enorme desinformação estimulada pelo chefe de Estado brasileiro. "Ele (Bolsonaro) fez um exame no dia 12 e outro no dia 17 de março. Entre essas datas, no dia 15, ele foi a uma manifestação. Caso seja comprovado que ele estava contaminado nesta ocasião, existe um estudo do Estadão (jornal O Estado de São Paulo) que demonstrou que ele tocou em 272 pessoas somente neste dia."

"Caso ele realmente teste positivo (para Covid-19)", prossegue o médico, "trata-se de um ato ainda pior do que a desinformação conduzida por esta gestão federal. Contaminar outros seres humanos de forma deliberada é simplesmente desumano e inescrupuloso (…) além disso, com toda a ansiedade (das pessoas durante a pandemia), essas falas que desqualificam ou negam a ciência e oferecem soluções mágicas ganham mais ressonância. Isso é muito perigoso", enfatiza.

O médico chamou atenção para o continuado prolongamento do pico da pandemia, resultado do não cumprimento das medidas de isolamento social, situação que já leva diferentes estados e municípios brasileiros a entrarem em lockdown.

"Os dados científicos de casos e de mortes estão aumentando. Falar em abertura, enquanto existe a ascensão dos casos, não é correto. Não é o momento. Vamos correr um risco muito grande. Outros países que optaram por este caminho pagaram um preço altíssimo e tiveram que retomar o fechamento posteriormente. Precisamos de critérios claros e dados científicos, ao invés de radicalismos e desinformação para este diálogo, que é necessário, mas ainda não estamos neste ponto", adverte o médico.

A essa altura, já se sabe que o isolamento apenas de pessoas do grupo de risco, proposto por Bolsonaro, foi experimentado em alguns países da Europa, como a Inglaterra e a Holanda, e abandonado após o número de doentes crescer exponencialmente de forma a ameaçar os sistemas públicos de saúde destas nações. Entre os líderes europeus que foram inicialmente resistentes ao isolamento, Boris Johnson, primeiro-ministro britânico, viveu o exemplo mais emblemático.

Já no dia 13 de março, mais de trinta países da Europa haviam suspendido as atividades letivas. Contudo, o primeiro ministro britânico disse à população que não havia justificativa para a medida. O isolamento vertical, com a recomendação de que idosos (de 70 anos ou mais) permanecessem em casa por quatro meses, veio três dias depois, acompanhado da proibição de eventos públicos e da orientação para que os britânicos trabalhassem de casa quando possível.

Esta abordagem não funcionou e, no dia 20 de março, ele fechou o comércio do Reino Unido. No dia 23, o país decretou a quarentena. Cinco dias depois, Johnson testou positivo para a doença e teve que ser levado para o que seria uma semana entre a vida e a morte em um leito de terapia intensiva, que, felizmente, estava disponível por conta das medidas de distanciamento social que foram adotadas para proteger o NHS (National Health System), o sistema público de saúde da Inglaterra. Boris Johnson informou a população do Reino Unido sobre o seu teste positivo para Covid-19 ainda no dia 28 de março.

Clareza e liderança política – independentemente de posições político-partidárias ou ideológicas – são fundamentais para endereçar crises desta magnitude. Conforme salientou o médico Valente, a ausência destas qualidades causa danos incalculáveis.

Nos EUA, por exemplo, Donald Trump sugeriu que as pessoas tomassem desinfetante para enfrentar a doença. Após a sugestão do mandatário norte-americano, a cidade de Nova York observou um aumento de casos de intoxicação pelo produto. No Brasil, contrariando dados científicos que demonstram, unanimemente, a eficácia das estratégias de isolamento social no combate ao vírus em dezenas de países, Bolsonaro segue alegando que as medidas são inócuas.

"Tão nociva quanto a falta de insumos materiais e humanos na luta contra a doença são as falas e os exemplos do presidente da República. Eu destacaria isso, sem dúvida, porque ele simplesmente tem uma postura de descaso e negação da pandemia. É inconcebível termos um presidente que reage, repetidamente e já com milhares de mortos em decorrência da doença, como o Bolsonaro. As falas dele representam um dos maiores obstáculos na luta contra a Covid-19, porque elas ganham efeitos práticos e não são apenas discursos", garante o médico.

Ainda de acordo com ele, parte fundamental no processo de enfrentamento à pandemia diz respeito a esclarecer a população sobre temas correlatos à doença.

"Como médico, eu aconselho as pessoas a procurarem informações em boas fontes (...) cuidado com WhatsApp e redes sociais. Ouçam os especialistas de cada área. Fiquem em casa neste momento. Reforcem as medidas de distanciamento social. Ainda não chegamos ao pico (de contaminação da doença). Essa colaboração nos ajuda demais, porque, desta forma, a quantidade de gente doente que chega aos hospitais ao mesmo tempo para ser atendida continuará sendo administrável", conclui Valente.

UOL, 6 de maio de 2020.

12
"GUEDES É MINISTRO DE UMA NOTA SÓ", DIZ ECONOMISTA

A maior retração da série histórica. Conforme deixou claro o secretário do Tesouro Nacional, Mansueto Almeida, na terça (19), a queda do PIB (Produto Interno Bruto) brasileiro em patamar superior a 5% neste ano já é o principal cenário projetado tanto por analistas do mercado como pelo governo federal.

Se confirmado, este será o resultado mais negativo do PIB nacional desde quando começaram os registros oficiais pelo Banco Central (BC), em 1962. O recorde atual consta de 1982, quando foi contabilizada uma queda de 4,39%.

Para avaliar a abordagem do governo federal diante desta crise sem precedentes e refletir sobre o que nos aguarda após o pico da crise sanitária no Brasil, o blog conversou com Simone Silva de Deos, professora do Instituto de Economia (IE) da Unicamp (Universidade Estadual de Campinas).

Segundo Deos, a resistência do governo às políticas de isolamento revela-se deletéria não apenas em razão das mortes provocadas, mas por ser, também, prejudicial à recuperação econômica. "Todos estão preocupados com as consequências econômicas, mas já sabemos que essa precipitação em abrir a economia e a negação da pandemia somadas ao ataque contra as medidas de distanciamento social deverão piorar significativamente as condições da própria retomada econômica."

De acordo com ela, a situação que temos pela frente possivelmente jamais foi experimentada na história do capitalismo. "Talvez, a crise dos anos 1930 – que se seguiu à queda da bolsa (de 1929), afetou fortemente os Estados Unidos, a Europa e até a periferia do sistema – seja uma referência. Hoje, não temos ainda como saber se (a crise econômica gerada pela pandemia) será ainda pior do que foi a dos anos 1930. Mas acho que esse é o parâmetro", aponta.

A professora classifica como "catastróficas" as medidas econômicas propostas pelo governo federal até aqui. "Considerando as políticas para mitigar o impacto da crise para as famílias e os trabalhadores, basicamente, o auxílio emergencial de R$ 600 por mês – cuja proposta original era de apenas R$ 200 – , que é baixo, está com dificuldade de 'chegar' a quem precisa e a renovação por mais tempo encontra resistência por parte do governo. Isso, além de desproteger uma parcela expressiva da população, contribui para a queda no consumo agregado, afetando negativamente a economia", explica.

Do ponto de vista da política monetária, a economista da Unicamp acredita que o BC está fazendo o movimento correto de queda da taxa básica de juros. "Eu diria que a queda da taxa de juros está 'não atrapalhando' – o que já é bom. As outras medidas, que estão sendo desenhadas para que os juros 'na ponta' sejam reduzidos, encontram dificuldades. O mercado bancário brasileiro é concentrado e isso não é fácil de ser feito. Nesse caso, o governo (Federal), que é acionista e controlador principal do Banco do Brasil (BB) e proprietário da Caixa Econômica Federal, deveria usar essas duas instituições mais agressivamente, para ampliar o crédito e reduzir as taxas. Isso seria bem efetivo", propõe Deos.

"Sobre a política fiscal", prossegue, "o mais efetivo seria torná-la ativa, mas esse tema é um 'tabu' para o ministro (Paulo) Guedes. Ou seja, por conta desse comportamento ideológico e completamente equivocado, nós perdemos um instrumento poderoso."

Em linhas gerais, ela acredita que o governo federal subestimou a gravidade da crise sanitária no Brasil. "O ministro (Guedes), bem como todo o governo, minimizou a pandemia e não tinha nenhum plano para enfrentá-la quando ela chegou. Algumas ações foram sendo criadas para endereçar pressões de setores e para responder a um protagonismo, nesse ponto, que foi sendo assumido pelo legislativo, sobretudo pelo deputado Rodrigo Maia. Não há também nenhum 'desenho' de saída para essa pandemia. Não há um plano. Paulo Guedes é o ministro de uma nota só: 'aprofundar as reformas'. Um desastre", avalia.

Considerando as respostas econômicas que foram adotadas por diferentes países, ela ressalta a Alemanha e a China como referências a serem observadas. "A China é uma economia comandada muito fortemente pelo Estado – que controla os grandes bancos e tem participação nos maiores conglomerados empresariais e está desenhando e comandando os planos para a recuperação. A Alemanha teve um cuidado e uma organização admiráveis nas ações de quarentena até aqui e se mostra um dos casos mais exitosos entre os grandes países europeus em termos de taxa de letalidade do vírus. Agora, começa a abrir sua economia que não foi tão impactada quanto as outras – exatamente pelo sucesso das ações da quarentena", salienta.

Segundo a professora, duas medidas poderiam ajudar o Brasil a enfrentar a pandemia de forma mais adequada, "(1) O aperfeiçoamento, ampliação e eventual expansão do benefício assistencial às famílias vulneráveis e a (2) formação de um grupo que reuniria os melhores quadros do governo, do BNDES (Banco Nacional de Desenvolvimento Econômico e Social), das universidades, de entidades representativas etc. para começar a desenhar um plano de saída da economia. Um plano ambicioso, não somente em termos de impacto sobre o PIB, algo em torno de 3%, pelo menos, mas também um plano que modernizasse o País, erradicando suas mazelas históricas (falta de saneamento, carência da população etc.) e mirasse uma economia mais sustentável do ponto de vista ambiental também", sugere.

Crises de dimensões profundas como a atual trazem à tona debates estruturais sobre modos de aprimorar a sustentabilidade do nosso modelo econômico. Na opinião de Deos, pensar a progressividade do sistema tributário brasileiro e pauta emergencial. "No Brasil, o imposto sobre propriedade, sobre herança e sobre grandes fortunas é pífio. Muito abaixo do que se pratica internacionalmente. Isso pesa sobre a nossa sociedade, pois perpetua e aprofunda essa chaga da extrema desigualdade. Certamente, um sistema tributário mais progressivo e justo é muito importante para o propósito de reduzir a desigualdade neste momento. Isso combinado com outras ações, como a oferta de serviços públicos de qualidade – educação e saúde, por exemplo – e políticas de ação afirmativa etc.", exemplifica.

A professora finalizou trazendo à luz um debate caro à literatura econômica contemporânea: o aumento exponencial da desigualdade no Ocidente ao longo das últimas décadas. E a pandemia agrava ainda mais o problema. "Caso medidas muito efetivas não sejam tomadas, este cenário será ainda pior com a crise da Covid-19, no Brasil e no mundo. (…) Apesar disso, no Brasil de hoje, com esse governo, não há nenhum interesse em tomar medidas que ajudem a reduzir a desigualdade social ou respeitem parâmetros civilizados. É uma pena", conclui a professora.

UOL, 19 de maio de 2020.

13
COVID-19: MÉDICO RELATA "PROBLEMA GIGANTESCO POR FALTA DE ALINHAMENTO"

Durante o primeiro semestre de 2020, todas as principais nações do mundo, por meio das suas respectivas administrações federais, adotaram medidas legislativas restritivas considerando o fluxo de pessoas, produtos e serviços para conter o avanço da Covid-19.

No Brasil, contudo, a crise sanitária combinou-se com o bolsonarismo e a instabilidade política preexistente e ganhou novos contornos, o que gerou múltiplos planos de conflito: (1) dentro do próprio governo federal; (2) entre os níveis federativos (governadores e prefeitos estaduais) e (3) com o Poder Judiciário. O resultado é a formação da tempestade perfeita para o Brasil. Um cenário de incertezas, descrédito internacional, falta de harmonia institucional e recessão econômica poucas vezes – ou talvez jamais – verificado na história da República, justamente durante a maior pandemia dos últimos cem anos, pelo menos.

Como ressaltado em reportagem para este blog, a ausência do federalismo cooperativo e a disseminação de informações falsas ou imprecisas impedem não somente a formulação de políticas públicas assertivas para conter o vírus de forma adequada, mas ainda estimulam ideias e posturas arriscadas entre a parcela da população que é mais radical e fiel ao presidente.

Para entender como a postura do bolsonarismo frente à pandemia compromete a atuação dos profissionais de saúde, o blog conversou com Alexandre Kawassaki, médico pneumologista do Hospital das Clínicas da Faculdade de Medicina da Universidade de São Paulo (HCFMUSP), do Hospital Nove de Julho e do Hospital Israelita Albert Einstein.

De acordo com ele, parte da população ainda não entendeu completamente a gravidade do problema. "(A crise da Covid-19) está bem feia. Durante as últimas oito semanas, nossa equipe vem trabalhando todos os dias. Sem parar. Não existe folga. Eu venho trabalhando ativamente contra a doença ou em processos de educação", relatou o pneumologista momentos antes de ser interrompido por uma enfermeira que o solicitava no atendimento clínico. "Estamos totalmente voltados à Covid-19. É uma avalanche", complementou.

O médico afirma que muitos profissionais de saúde apresentam quadros de insônia e estresses físico e psicológico. "Mudou tudo. Parei de fazer Aikido e fiquei cerca de um mês fora de casa para proteger a minha família", conta. Considerando a recomendação do Ministério da Saúde pelo uso da cloroquina e os ataques às medidas de isolamento social, Kawassaki ressalta a importância da ciência. "Esses temas não podem ser politizados desta maneira. Por isso temos a ciência (...) Eu gostaria muito que funcionasse (a cloroquina), mas, em termos de eficácia clínica, os estudos científicos demonstraram o contrário", acrescenta.

Com relação ao isolamento social, ele diz que acredita ser o ideal. "Conseguimos achatar a curva (de infecção da doença). Precisamos agora de métodos que sejam efetivos, aplicáveis e as pessoas respeitem. Além disso, precisamos testar (os brasileiros) de forma ampla e irrestrita. Em Nova Iorque, por exemplo, todo o sistema de saúde colapsou.

Por enquanto, estamos conseguindo evitar isso, mas estamos no limite", alerta o médico, que também foi reconhecido pela rede social LinkedIn com o prêmio Top Voice da Saúde: profissionais de saúde, operando na linha de frente ou com experiência em saúde pública, epidemiologia ou inovação médica que vêm compartilhando experiências e oferecendo informações confiáveis sobre a Covid-19.

Informações confiáveis e coordenação entre os diferentes níveis federativos são dois elementos cruciais para o enfretamento à pandemia, portanto. "Esse é um momento de extrema gravidade e precisamos de estabilidade política. Informações desencontradas geram o caos. (…) Cria-se um problema gigantesco por falta de alinhamento de informações. Pior para o povo em geral", explica o médico.

Por exemplo, tradicionalmente, doenças que atacam o sistema respiratório tendem a se agravar durante o inverno, porque a atmosfera fica mais seca e estável, o que faz com que as partículas circulem menos no ar. "Contudo, não sabemos ainda se isso também se aplica (ao novo coronavírus). Estamos estudando. Aparentemente, não existe sazonalidade em virtude do clima. Veja o que está acontecendo em vários estados brasileiros que têm o clima extremamente quente durante todo o ano, basicamente", observa Kawassaki.

Um dado interessante constatado pelo médico diz respeito ao medo causado pela pandemia nas pessoas que precisam tratar outras doenças. "Foi observacional. Os casos sumiram, praticamente: infartos, apendicites, crises de asma, por exemplo. As pessoas estão com medo de buscar o tratamento necessário por conta do risco de se contaminarem com a Covid-19. O problema é que, dependendo do caso, quanto mais agudo é o quadro identificado, menor é a chance de eficácia do tratamento", salienta.

Além disso, segundo ele, algumas patologias foram desagravadas por conta da redução da poluição, do estresse e de doenças virais que seriam transmitidas caso o fluxo de pessoas estivesse liberado sem as ações de isolamento. "Essas medidas reduziram tudo isso." Para Kawassaki, além do alinhamento e da veracidade das informações, outro aspecto fundamental na luta contra a pandemia é a urgência pela humanização no tratamento dos pacientes.

"Nunca fomos tão desumanos e isso é o que mais me incomoda na medicina atual (…) Uma das coisas mais assustadoras que eu já vivenciei na minha carreira médica foi entrar nos 'COVIDários' hospitalares e, se é assustador para nós, profissionais da saúde, imagine para quem está internado", reflete o médico.

Ainda de acordo com ele, o paciente que recebe os procedimentos de respiração artificial muitas vezes acorda absolutamente desorientado. "O que nós geralmente usávamos para enfrentar este momento era a presença dos familiares ou amigos muito próximos. Infelizmente, nós perdemos isso. Então, hoje, precisamos ser criativos e inovar, com a videochamada, por exemplo, que não é o ideal, mas ajuda. Em linhas gerais e em todos os âmbitos e sentidos, precisamos ser mais empáticos (…) Qualquer atitude que possa confortar um pouco é de grande valia. Nessas horas, precisamos ser mais humanos do que médicos, nos despir da vergonha e acolher o quanto for possível aquele que está na cama, porque poderia ser qualquer um de nós", conclui o médico.

UOL, 4 de junho de 2020.

14
"BRASIL PERDEU RESPEITABILIDADE INTERNACIONAL", DIZ ESPECIALISTA EM EUA

A pandemia de covid-19 chamou os atores globais à mesa. Num mundo democrático crescentemente liderado por populistas, a necessidade de coordenação internacional e, sobretudo, de confiança para com entidades nao eleitas, como a Organização Mundial da Saúde (OMS), pode expor a irresponsabilidade da política externa brasileira, decididamente fiel ao isolacionismo do governo Trump.

Para entender a atual conjuntura internacional, o cenário para as eleições americanas e o seu potencial impacto para o Brasil, o blog conversou com Fernanda Magnotta, doutora em Relações Internacionais, coordenadora do curso de Relações Internacionais da Fundação Armando Alvares Penteado (FAAP) e especialista em Estados Unidos.

A professora falou sobre o alinhamento entre Bolsonaro e Trump, traçando uma diferença histórica entre a política externa atual e as políticas americanistas de governos anteriores. "O alinhamento (da política externa do Brasil) com os Estados Unidos é um fenômeno histórico e não representa um problema, necessariamente. Vários governos do passado adotaram diferentes maneiras de praticar este alinhamento (...) Extremamente complicado no que se refere à administração Bolsonaro é o fato de que não se trata de um alinhamento entre Brasil e EUA, mas sim entre as atuais gestões federais de ambos os países", prossegue.

Assim, de acordo com ela, o bolsonarismo seria trumpista e não americanista, o que vulnerabiliza muito os interesses do Brasil, porque o país fica refém de uma dinâmica eleitoral no curto prazo. "Enquanto o Trump for o presidente estadunidense, esta lógica funciona. Caso isso mude, literalmente, daqui a alguns meses, o Brasil sairá fragilizado, porque a nova administração dos EUA deverá perceber o bolsonarismo como oposição. Ou seja, este tipo de alinhamento (do bolsonarismo com a gestão Trump) não me parece sustentável no longo prazo. É uma política de subserviência ligada aos governos e não aos estados", esclarece a especialista.

Segundo ela, a política externa chefiada pelo chanceler Ernesto Araújo rompe as tradições do Itamaraty e coloca o Brasil em posição delicada frente à sociedade internacional. "Ainda que haja algum pragmatismo, está tem sido uma política externa absolutamente ideológica e muito pautada pelas ideias do Olavo de Carvalho: lógica antiglobalista e que representa uma ruptura para o Brasil com relação às práticas históricas (da política externa brasileira). O Itamaraty enfrenta uma crise profunda, inclusive, de legitimidade do ministro (Ernesto Araújo), que não representa a maioria dos diplomatas. Uma descontinuidade de valores e tradições considerando o que hoje se pratica. Eu diria que há, sim, uma crescente onda de descrédito do Brasil no plano internacional, porque o país vem deixando de ocupar os espaços e perdeu respeitabilidade", garante Magnotta.

Sobre as recentes especulações de Donald Trump e Jair Bolsonaro considerando a criação do 'G7 expandido', ela é categórica: "É mais um movimento retórico do presidente Trump para tentar ganhar algum tipo de credibilidade internacional. É uma maneira de tentar articular quem ele considera como aliado e, de certa forma, dissuadir um pouco as críticas que ele vem enfrentando neste momento decisivo de pandemia e fragilização da economia (estadunidense)."

A professora enfatizou o ceticismo dos analistas em relação à palavra de Trump, um isolacionista, enquanto líder do tal 'G7 expandido'. "O G7, enquanto ainda era G8, já enfrentava várias dificuldades, por conta da questão da Rússia, que foi excluída do arranjo original. Desde então, falta coesão entre os próprios membros do G7, que não lidam muito bem com alguns temas. (...) O presidente Trump tem sido um pária com relação a vários aliados e países que compõem esse grupo. Ele já se indispôs no passado com algumas destas lideranças e não me parece que ele seja uma voz que represente o interesse deste grupo de forma geral", acrescenta.

Assim, Magnotta acredita que esta movimentação do presidente estadunidense tem um cunho mais discursivo e retórico, para criar espaços políticos da sua conveniência, do que efetivamente produzir uma mobilização ao redor de interesses compartilhados ou da tentativa de estabelecer uma arquitetura internacional renovada. "Entendo que para isso já existem instâncias para com as quais o próprio Trump sempre foi muito cético. Ele tem muita resistência a arranjos multilaterais e cooperativos, costuma ser muito crítico às organizações internacionais e não é um presidente focado no internacionalismo, ao contrário, é um protecionista", complementa a acadêmica.

Segundo ela, proposições desta natureza, que envolvem grandes promessas de ingresso do Brasil em organizações como a Organização para a Cooperação e Desenvolvimento Econômico (OCDE) ou o "G7 expandido", por exemplo, devem ser avaliadas com muita cautela.

"Tudo isso é uma criação utópica. O Brasil já é parte do grupo que reúne as maiores economias do mundo, que é o G20, e não faria sentido sobrepor este grupo a outro. Seria uma versão trumpista do grupo e não teria legitimidade. Trata-se de um recurso retórico que aqui no Brasil também está sendo utilizado com fins políticos para tentar mostrar uma aproximação e sinergia entre Brasil e Estados Unidos, mas que, efetivamente e na prática, não significa muita coisa. Até porque o Brasil tem sido pouco ativo e prestigiado como membro do G20, dadas as dificuldades políticas, institucionais, econômicas e até mesmo ideológicas, com relação a este tipo de bloco por parte do último governo", ressalta.

O caso do possível ingresso do Brasil na OCDE, para ela, é sintomático para explicar que "os países não possuem amigos, mas interesses". "O Brasil e os EUA vêm discutindo esta possibilidade, mas entre passar da promessa retórica para a ação prática tem muito chão pela frente. Desde o começo destas conversas, os EUA usam uma técnica de negociação conhecida como 'issue linked', com a qual eles condicionam a obtenção de qualquer avanço do processo (de ingresso do Brasil na OCDE) com a necessidade do Brasil agir exatamente como eles determinam.

Eles já fizeram isso várias vezes com negociações muito agressivas para alcançar os seus interesses e condicionaram, entre outras coisas, o ingresso do país na OCDE a este movimento. No entanto, nada se concretizou na prática até o momento e nós sabemos que existem várias limitações estruturais para que isso de fato se consolide", elucida Magnotta.

A especialista finaliza citando recente declaração de Trump como exemplo da falácia de que os países não possuem amigos, mas interesses. "Essa ideia de que haverá uma fidelidade do governo Trump para com o Brasil é um engano. Isso já ficou muito claro nesta última declaração que o presidente estadunidense fez apontando o Brasil e a Suécia como exemplos do que não deve ser feito durante a pandemia. Quando os interesses dele e do bolsonarismo estiverem contrapostos, certamente o Trump não hesitará em jogar o Brasil embaixo do ônibus, porque está é a lógica da política internacional", conclui.

UOL, 13 de junho de 2020.

15
PRIVATIZAÇÕES DE GUEDES ESTÃO NA CONTRAMÃO DO MUNDO, DIZ ECONOMISTA

A emergência sanitária da Covid-19 despertou boa parte do mundo democrático para o papel insubstituível do Estado no atendimento aos mais vulneráveis e como elemento regulador da economia capitalista.

O governo brasileiro, entretanto, para além de ignorar concretamente a ameaça do vírus, despreza as suas lições, e segue amarrado a um fundamentalismo de mercado que, neste momento, retarda a recuperação do País.

No último domingo (5), Paulo Guedes, ministro da Economia e o oráculo da administração Bolsonaro para o setor, foi confrontado sobre a situação do desemprego no Brasil. "Três ou quatro grandes privatizações" foi a promessa de Guedes para atacar essa chaga nacional que perdura desde muito antes da pandemia.

Para entender os detalhes do que nos espera na área econômica durante os próximos meses, o blog conversou com Alex Wilhans Antonio Palludeto, professor do Instituto de Economia (IE) da Universidade Estadual de Campinas (Unicamp) e coordenador do Centro de Estudos de Relações Econômicas Internacionais (CERI).

"Em primeiro lugar, parece-me pouco provável que a equipe econômica do Ministério não esteja, desde logo, preocupada com o andamento das contas públicas. O que assistimos nas últimas semanas com relação aos debates e dificuldades no interior do governo (federal) quanto à implementação e à extensão dos programas de auxílio frente à pandemia revelam que o Ministério da Economia tem, sim, se preocupado com o tema e já tem sinalizado um ajuste fiscal para os próximos anos", afirma Palludeto.

"Ademais", prossegue o professor, "para além das medidas de auxílio já postas – bastante limitadas, a meu juízo – não vejo de que maneira o Ministério tem atacado 'frontalmente' o desemprego. As propostas de privatizações anunciadas certamente não contribuem para esse cenário, ainda que sejam colocadas pela equipe econômica como pré-condições indispensáveis para a retomada do crescimento econômico. Aliás, é importante destacar que, o que aqui agora se propõe, está na contramão do que temos assistido nas últimas décadas (em vários países do mundo): um processo de remunicipalização e renacionalização de diversos serviços (que haviam sido) anteriormente privatizados".

Segundo ele, esse processo de reestatização vem acontecendo, sobretudo, nos "países desenvolvidos" desde 2008. "Diversas pesquisas recentes indicam que as principais razões para esse movimento de remunicipalização e renacionalização são: (1) o baixo investimento (das empresas privadas) e (2) a elevação das tarifas nos setores cujo provimento de serviços como saneamento básico foram privatizados. Curiosamente, o argumento da (atual) equipe econômica brasileira é, precisamente, de que as privatizações irão se refletir em maiores investimentos e menores tarifas", acrescenta o economista.

De acordo com ele, "os principais países que têm passado por esse processo são a Alemanha, França, Reino Unido, Espanha e Estados Unidos. Segundo dados do Transnational Institute, entre 2000 e 2019, observaram-se mais de 1400 remunicipalizações e renacionalizações no mundo, envolvendo cerca de 2400 cidades de 58 países, sobretudo na Europa e na América do Norte". Desta forma, as propostas de Paulo Guedes, a despeito dos benefícios imediatos das privatizações, parecem ignorar esse processo observado em diversas nações do planeta.

"Além de saneamento básico, de modo geral, e fornecimento de água e tratamento de esgoto, de modo particular, setores como o de saúde básica, fornecimento de energia e educação básica foram os de maior destaque na maioria dos casos", ressalta o professor. Palludeto pontou, ainda, a fragilidade da narrativa que, desde o impeachment da presidente Dilma Rousseff, se estabeleceu como hegemônica no debate nacional.

"Nesse discurso (liberal) há a identificação do orçamento público com o orçamento doméstico, de uma família, como se as limitações financeiras que nós enfrentamos, como indivíduos, fossem as mesmas que o Estado enfrenta. Na verdade, a própria atuação recente do governo federal diante da pandemia tem demonstrado, na prática, que o governo não estava 'sem dinheiro'", pondera o economista.

Além disso, para ele, "a necessidade de atuação imediata e em larga escala comprovou, à exaustão, que é equivocada a narrativa de que os países têm carência de recursos financeiros em moeda doméstica para executar os objetivos que a sociedade pode vir a estabelecer. Isso ficou também evidente no caso brasileiro. Ainda que, nos termos da equipe econômica de Guedes, seja esperado que a 'austeridade fiscal' venha a ser recolocada como prioridade na agenda econômica tão logo passado o pior da pandemia", complementa.

Ainda segundo o economista, "é preciso considerar que o governo (federal) demonstrou uma inabilidade patente quanto ao seu relacionamento com o Congresso (Nacinonal), gerando instabilidades diversas que têm até mesmo afetado o próprio encaminhamento das propostas do (Poder) Executivo. Por outro lado, também é fato que as propostas encaminhadas estão muito aquém das necessárias, quando não estão na contramão do que é preciso fazer, como já mencionado".

Quanto à reforma tributária, especificamente, ele acredita que é necessário ter em conta a complexidade do sistema atual, as relações entre os entes federativos (estados e municípios) e, principalmente, a "regressividade do atual sistema tributário, que não contribui fortemente para a redução das desigualdades. Nesse caso, não vejo que a atual proposta ataque de frente, verdadeiramente, essas questões".

Para endereçar a questão distributiva de forma mais efetiva, Palludeto afirma que é necessário, fundamentalmente, uma revisão das faixas do Imposto de Renda, ampliando a progressividade tributária e conferindo maior peso aos impostos diretos sobre a renda e patrimônio. "Desse modo, abre-se espaço para a redução dos impostos que recaem, sobretudo, nas camadas mais pobres da população, via consumo. Nesse sentido, a tributação de lucros e dividendos vai na direção correta, mas ainda estamos muito aquém de uma mudança estrutural nessa direção", complementa o professor.

Ou seja, ainda que exista uma grande carência de saneamento e outros setores de infraestrutura no Brasil, Palludeto crê que é pouco provável que o atendimento dessas necessidades seja feito pela iniciativa privada. "Esses são setores que exigem altos investimentos, no longo prazo, de modo que são raros os casos em que a iniciativa privada, sem o apoio fundamental do setor público, foi capaz de desenvolvê-los. (…) Assim, corre-se o alto risco de que privatizações nesses setores, por exemplo, se concentrem nas áreas já mais bem servidas por esses serviços, deixando de lado as regiões mais pobres e necessitadas (do Brasil)", conclui o economista.

UOL, 12 de julho de 2020.

16
CELSO AMORIM: "NEM NA DITADURA A POLÍTICA EXTERNA FOI TÃO DESASTROSA"

Dezoito meses. Esse foi o período suficiente para que a Política Externa Brasileira (PEB), sob a gestão do chanceler Ernesto Araújo, sofresse a maior ruptura de sua história, numa permanente corrosão dos princípios que moldaram a trajetória do Itamaraty, uma das mais tradicionais e respeitadas instituições do Estado brasileiro.

A condução de Araújo, diplomata inexperiente indicado ao posto pelo youtuber Olavo de Carvalho, tem causado perplexidade em toda a comunidade internacional, para além de seu isolamento junto aos próprios pares dentro do Itamaraty. A crise provocada pela covid-19 gerou um ultimato às nações democráticas, que, mais do que nunca, devem reforçar o seu compromisso internacional com uma agenda de direitos, de proteção aos mais vulneráveis, e pautada no multilateralismo. O Brasil, entretanto, segue caminho oposto e, tudo indica, não será a pandemia a provocar grandes mudanças de curso.

Ao longo desse um ano e meio, a política externa bolsonarista avançou contra os direitos da população LGBTI+, retirou o país do Pacto de Migração da Organização das Nações Unidas (ONU), renunciou à condição de país emergente na OMC (Organização Mundial do Comércio) sem qualquer garantia em troca, quase se envolveu em um conflito armado com a Venezuela e, nesse momento, enfrenta a sua maior crise de imagem e reputação global, com uma abordagem negacionista e anticientífica para lidar com a maior crise sanitária dos últimos cem anos.

Para compreender a real extensão dos danos causados ao País pela gestão de Ernesto Araújo, e as perspectivas para o futuro, o blog conversou com o diplomata Celso Amorim, ex-ministro das Relações Exteriores dos governos Itamar (1993-1995) e Lula (2003-2011) e ex-ministro da Defesa do governo Dilma (2011-2015). Na opinião de Amorim, um dos diplomatas mais proeminentes na linhagem da diplomacia brasileira, o Brasil "nunca sofreu tamanho descrédito". Ele acredita que a política externa bolsonarista, que "hostiliza diariamente o seu parceiro comercial", será vítima de sua própria inépcia.

"Eu nunca vi um desastre igual", assegura Amorim. "Eu entrei para o Itamaraty na época da Política Externa Independente, ainda com o João Goulart. Entrei para o Instituto Rio Branco. Depois, vieram os anos do regime militar e as oscilações da nova república, mais neoliberal etc. Contudo, nunca houve um desastre semelhante (à política externa bolsonarista)", garante o ex-ministro, que se notabilizou por conduzir a Política Externa Brasileira a um protagonismo internacional, sobretudo por meio da luta contra a fome e a pobreza durante o governo Lula.

Segundo ele, a gestão de Ernesto Araújo transcende limites não rompidos até pelos governos militares. "O Brasil nunca sofreu tamanho descrédito (no mundo). Mesmo na época dos governos militares, sobretudo naquela época terrível do (Emílio Garrastazu) Médici (1969 – 1974), com as torturas e assassinatos, ainda assim havia uma separação entre os eventos internos e as práticas da Política Externa Brasileira. Desta forma, esta é a primeira vez que eu vejo todas as tradições da diplomacia brasileira jogadas no lixo", lamenta o diplomata.

Para Celso Amorim, a atual política externa nega princípios básicos contidos na Constituição de 88. "A começar pela independência nacional. O Brasil nunca declarou, mesmo quando existiram flertes especiais com os EUA, um alinhamento automático e subserviente desta forma. Amplificamos e pioramos a política do (Donald) Trump, que é equivocada e demagógica, mas que procura atender, pelo menos, certa visão do interesse estadunidense. A nossa atual política externa nem isso faz."

"Você avalia as entrevistas do Steve Bannon", prossegue ele, "que é um dos ideólogos deles (administração Trump), e ele fala todas aquelas coisas da China e os absurdos todos que se pode imaginar sobre o multilateralismo etc. Contudo, ele avança estes argumentos alegando que o objetivo final é defender a indústria e os empregos dos norte-americanos. No nosso caso, a nossa argumentação nem isso tem, porque atuamos também para defender os interesses dos EUA."

De acordo com o ex-chanceler, "as nossas posições em direitos humanos, na questão do racismo, passando pelos direitos reprodutivos da mulher, a situação da Palestina, entrando na questão do embargo à Cuba – que eu sempre faço questão de dizer que se trata de uma matéria do Direito Internacional – até a própria Organização Mundial da Saúde (OMS)… não existe igual. Nunca houve um Brasil deste tipo. A única esperança que podemos ter é a de que tudo isso vai passar. Que seja algo do tipo 'a extrema direita bêbada' e que esta bebedeira passe para que tenhamos algum restabelecimento da normalidade", acrescenta.

Ainda segundo Amorim, em matéria de PEB, o bolsonarismo não resistirá a esta normalização do mundo. "Estamos sob um impacto muito forte da pandemia (de covid-19) e com uma crise econômica global acentuada. Quando tudo isso passar, a política externa bolsonarista é tão absurda que não poderá resistir. Como você pode conduzir uma PEB que hostiliza, diariamente, o seu principal parceiro comercial (China)? Como você pode manter ataques reiterados e gratuitos contra alguns dos principais líderes europeus em temas como a pandemia, o meio ambiente e até de caráter pessoal? Tudo isso é um absurdo! Essas perguntas só podem ser compreendidas, mas jamais justificadas, com a expectativa de que o Brasil obteria vantagens, que até aqui jamais se concretizaram, por parte do governo Trump", salienta o ex-ministro.

Para ele, caso o Trump seja derrotado na eleição para a Presidência dos Estados Unidos, em novembro deste ano, o Brasil vai perder este único ponto de apoio e ficará totalmente à deriva no cenário internacional. "Evidentemente, o Brasil é um país grande demais para ser simplesmente ignorado, mas não haverá nenhum tipo de boa vontade (por parte dos

EUA). Inclusive, algumas 'vantagens' que o governo Bolsonaro busca, eu entendo que representam um ônus para o Brasil. Por exemplo, a declaração de que o Brasil é um aliado preferencial extra da Organização do Tratado do Atlântico Norte (OTAN): já existem ações no Congresso dos EUA para retirar esta qualificação. Com certeza, medidas como esta serão reforçadas com um governo (do Partido) Democrata, caso o presidente eleito seja o (Joe) Biden", complementa Amorim.

Assim, o isolamento do Brasil, que já é grande atualmente, será ainda mais acentuado. "E olha que nós somos um dos maiores países do mundo em muitos aspectos, então não é fácil conseguir isolar o Brasil, mas hoje ninguém quer aparecer na foto com o presidente (Jair) Bolsonaro. Nem o (Rodrigo) Duterte, das Filipinas, que tem todas as características que nós conhecemos, quer se associar à imagem atual do Brasil. O próprio Trump, no que diz respeito à pandemia, tem procurado se afastar. Ou seja, vivemos um momento de desastre absoluto, contrário a todas as tradições (da política externa) brasileira", reforça o diplomata.

"A defesa do multilateralismo sempre foi, durante o período democrático e mesmo antes disso, retirando uma ou outra exceção, uma postura dos governos brasileiros. A nossa situação é péssima de qualquer forma e vai se agravar ainda mais em eventual derrota do Trump. Até porque o atual presidente estadunidense está, obviamente, usando o Brasil para atingir os seus objetivos, que incluem o petróleo e a Venezuela. Contudo, no momento em que ele (Trump) sentir que este apoio já não compensa, até pelo desgaste interno que sofre a administração Bolsonaro, ele vai abandonar o bolsonarismo, não há dúvidas. Apesar de toda a loucura, o Trump é pragmático", observa o ex-chanceler.

Para ele, "o fato de nós termos um oficial general, um brigadeiro do Exército do Brasil, no Comando Sul dos Estados Unidos (...) é algo inadmissível, porque não se trata de um estágio, curso ou processo de aprendizagem. Ele está na cadeia de comando do setor do Exército dos Estados Unidos que, eventualmente, pode ser empregado contra a Venezuela. Ainda que ele não faça nada ou sequer concorde, a presença deste militar brasileiro legitimaria a ação. Além disso, ainda sofremos a humilhação de ouvir que o Brasil paga para o nosso general trabalhar para o comandante do Comando Sul dos EUA (Flórida). Submissão absoluta e vergonha nacional", lamenta.

Historicamente, como relembra o diplomata, os governos brasileiros sempre demonstraram uma grande preocupação com a integração sul-americana. "Houve momentos de rivalidade, na época dos governos militares, mas, ao longo da história e até antecedendo o golpe militar (1964), já o (Juan Domingo) Perón com o (Getúlio) Vargas, o Arturo Frondizi e Jânio Quadros tiveram contato também, sempre houve este cuidado. Isso se acentuou em tempos recentes, principalmente a partir do governo (José) Sarney, que começou a trabalhar intensamente nisso, passando pelo Itamar (Franco) e o próprio (Fernando) Collor, que assinou o acordo com o Mercosul. Tudo isso foi evoluindo até chegar ao governo Lula, durante o qual este zelo foi uma prioridade muito grande. A Unasul, o Conselho Sul-Americano de Defesa, o Instituto Sul-Americano de Governança em Saúde etc., enfim, todas estas atitudes que foram extremamente importantes para o Brasil", garante Amorim.

O chanceler reforça como esse processo de integração regional está ancorado em valores consagrados na Carta Magna. "Isso não é algo abstrato, tampouco, mas um parâmetro constitucional: parágrafo único e vários incisos do artigo 4, que fala sobre a interação latino-americana, que só pode ser atingida com o degrau da integração da América do Sul", explica.

O ex-ministro usa uma imagem bem atual, em meio à crise da covid-19, para ilustrar o isolamento do Brasil. "Por exemplo, há algumas semanas, o presidente da Colômbia (Ivan Duque) fez uma reunião virtual com outros líderes conservadores da América do Sul, como o (Sebastián) Piñera e (Luis Alberto) Lacalle Pou e não convidou o Bolsonaro, simplesmente porque ninguém quer aparecer ao lado do presidente brasileiro. É uma situação única e que reflete uma total falta de estratégia e liderança", reitera Amorim.

Nos próximos dias, será submetido ao Congresso Nacional o documento da nova política de defesa do Brasil. A política nacional de defesa remonta a várias origens, de onde surgiu a estratégia nacional e, posteriormente, por determinação do Congresso (Nacional), estabeleceu-se a elaboração de três documentos a cada quatro anos: a Política Nacional de Defesa (PND), a Estratégia Nacional de Defesa e o Livro Branco.

"Historicamente, estas políticas sempre foram formuladas com base nos princípios da não intervenção e do respeito à autodeterminação dos povos. Agora, pela primeira vez, estas resoluções citam a América do Sul como uma região de possíveis 'tensões e crises'", enfatiza o diplomata.

Estas orientações contrariam um século de interação do Brasil com os nossos vizinhos e abrem precedentes alarmantes. "Houve um início de ação armada contra a Venezuela em fevereiro deste ano. O atual chanceler brasileiro (Ernesto Araújo) foi, efetivamente, até a fronteira do Brasil com a Venezuela. Eu tenho meio século de diplomacia, cresci em meio à Guerra Fria e nunca vi nada parecido com essa retirada do corpo diplomático brasileiro que foi realizada na Venezuela", destaca Amorim.

"Ou seja, absolutamente na contramão dos interesses nacionais, as posturas adotadas pelo bolsonarismo na sociedade internacional entre 2019 e 2020 transcendem os limites da Política Externa Brasileira e caracterizam uma falta total de decoro diplomático no âmbito internacional. Trata-se de uma ideologia da extrema direita somada à total submissão do Brasil às determinações do governo Trump", conclui o ex-chanceler do Brasil.

UOL, 20 de julho de 2020.

17
CIRO: "BOLSONARO É RESPONSÁVEL PELA MAIOR TRAGÉDIA DE NOSSA HISTÓRIA"

Com o mês de julho registrando novo recorde histórico de mortes no país, a pandemia no Brasil segue sem dar grandes sinais de controle, enquanto que o governo federal, para além do boicote às medidas sanitárias de contenção da doença, desperdiça recursos destinados à luta contra a covid.

Para refletir sobre o cenário brasileiro em suas diversas vertentes de resposta à pandemia, o blog conversou com Ciro Gomes. Ex-candidato à Presidência por duas vezes, Ciro, que é vice-presidente do PDT, acumula uma larga trajetória na vida pública nacional. Ele já foi ministro da Fazenda (Itamar), ministro da Integração Nacional (Lula), deputado federal pelo Ceará, além de governador do mesmo estado e prefeito de Fortaleza.

Nos últimos anos, Ciro Gomes vem tentando se firmar como a principal liderança progressista brasileira, disputando espaço com o campo petista na oposição de esquerda ao governo Bolsonaro. Em conversa com o blog, ele disse que, na pandemia, o bolsonarismo tornou-se responsável pela "maior tragédia de nossa história". O ex-presidenciável também apontou a gravidade da situação econômica brasileira, cuja solução, para ele, passa por abandonar a agenda neoliberal em prol de um novo projeto industrial para o país.

"Minhas respostas não devem ser vistas como discurso oposicionista", diz Ciro, "mas como uma ilustração dos fatos e números que temos até aqui. A gestão bolsonarista da pandemia tem sido a pior do mundo. A pandemia levou três meses a mais do que na China e dois meses a mais do que na Europa para chegar aqui. Num primeiro momento, o que cabia ao governo fazer era controlar a entrada no país, entrar em acordo com a China em busca de reagentes para testagem em massa e comprar respiradores. Ao invés disso, (a administração Bolsonaro) alinhou-se ao Trump e declarou guerra diplomática à China", introduz Gomes.

"Num segundo momento", prossegue ele, "o que cabia ao governo, com o começo da transmissão comunitária do vírus, era promover rígidas quarentenas de vinte dias para controlar a doença no Brasil. Ao invés disso, (Bolsonaro) se lançou numa cruzada contra o isolamento social e desinformou a população sobre a doença, que chamou de 'gripezinha', inclusive, receitando como mágico um remédio rejeitado pela comunidade científica nacional e internacional".

De acordo com Ciro Gomes, enquanto o governo de Milão (Itália) pedia perdão pela campanha "Milão não para", o governo brasileiro lançou uma campanha idêntica no Brasil. "Isso gerou a maior tragédia de nossa história, mas o bolsonarismo não parou neste ponto. (O governo) deveria ter apressado o auxílio às pessoas, para ficarem em casa, e às microempresas, para que elas sobrevivessem. Ao invés disso, lutou contra o auxílio para a população, que foi dado pelo Congresso (Nacional), e até hoje, o prometido crédito para microempresas não chegou a grande parte delas", acrescenta o ex-ministro.

Ainda segundo ele, "tudo isso se reflete em números frios e terríveis. Enquanto o Brasil tem 208 milhões de habitantes, a China tem 1 bilhão e 400 milhões. A pandemia começou lá, três meses antes de chegar ao Brasil. Pois bem, na China morreram cerca de cinco mil pessoas de covid-19. No Brasil, hoje, passamos de 105 mil (os números atualizados dessa sexta, 21, já superam as 112 mil mortes). (...) Para quem não acredita nos números da China, nos compare com a Alemanha ou com a nossa vizinha Argentina".

Em toda a América do Sul, que sem o Brasil possui 10 milhões de habitantes a mais do que o nosso país, morreu um número significativamente menor de pessoas por conta da pandemia, efetivamente. "Este erro na política de saúde destruiu o nosso Produto Interno Bruto (PIB). Os países que fizeram isolamento radical no começo e seguiram as diretrizes da Organização Mundial de Saúde (OMS) e da ciência estimam um impacto negativo no PIB de 3% esse ano. O próprio governo brasileiro está estimando um impacto de menos 8%. A pior recessão de nossa história. O que o Brasil tem de diferente dos outros países? O governo Bolsonaro. O pior governo do mundo e o pior governo brasileiro de todos os tempos", ressalta Ciro.

Para o candidato do PDT à Presidência da República em 2018, as políticas propostas e adotadas por Paulo Guedes agudizam a crise econômica que está se estabelecendo no Brasil. "Tudo o que está acontecendo eu previ que aconteceria. Como eu não sou profeta nem vidente, estava na hora de os economistas que têm espaço na grande mídia considerarem a hipótese de eu estar avaliando os dados com base em uma visão da realidade econômica. O problema não é o (Paulo) Guedes. O problema é o neoliberalismo. O neoliberalismo nos trouxe ao pior momento econômico de nossa história. Isso não pode ser atribuído à pandemia, pois estamos nos desindustrializando e destruindo nossa balança de pagamentos desde o governo (Fernando) Collor, com a única exceção do governo Itamar (Franco). Esse processo se agudizou com a ida de Joaquim Levy para o governo Dilma (Rousseff) e passou pela aprovação do Teto de Gastos, pela gestão de (Henrique) Meirelles e agora, com Guedes, tem o seu pior momento", afirma Gomes.

Ele defende que o centro da destruição da política neoliberal está no saque das contas públicas para o financiamento do rentismo e na destruição da capacidade de investimento do Estado. "Guedes sofisticou isso baixando a Selic ao menor nível da história, ao mesmo tempo que transferiu o grosso do pagamento de juros para as operações compromissadas. Enquanto isso, o investimento público é o menor da história em nome do Teto de Gastos."

"No financiamento da crise da pandemia, outro desastre. Pois, como o neoliberalismo é menos uma teoria econômica e mais um manual de concentração de renda, prega na prática menos impostos para os ricos e mais impostos para os pobres. Guedes não cogita, em nenhum momento, financiar parte dos gastos extraordinários que são necessários esse ano com impostos para o andar de cima", acrescenta o ex-ministro, que como resultado desta postura aponta "a maior falência das contas públicas da história brasileira".

"Fui criticado por alguns economistas por lembrar que a dívida pública vai se aproximar pela primeira vez de 100% do PIB e o déficit público primário vai ser de 930 bilhões de reais neste ano: oito vezes o maior da história. O curioso é que esses mesmos economistas diziam, em 2014, que o país estava quebrado por causa de um déficit primário de 17 bilhões. Não quero que me confundam, não estou fazendo demagogia. É claro que esse ano o déficit tem que aumentar, e muito. Estamos vivendo numa pandemia e temos que pagar para as empresas sobreviverem e as pessoas que puderem ficar em casa. Mas esse governo não pensou em nenhum momento em como financiar parte desse déficit para controlar a explosão da dívida, porque, evidentemente, essa conta teria que ser paga pelos ricos, no país mais desigual do mundo", propõe Gomes.

Além de tudo isso, Ciro Gomes aponta que Paulo Guedes está preparando a devastação do patrimônio estatal pelos menores valores possíveis. "Esse é o pior momento para privatizar qualquer coisa e estão privatizando estatais que dão lucro, portanto, que ajudam a financiar o Estado. Estas negociatas vão nos jogar no pior buraco da história. Ainda não tivemos apurado o escândalo da Itaipu Binacional, que levou à abertura do processo de impeachment contra o presidente paraguaio. Principalmente, não apuramos ainda a venda, sem licitação, de R$ 3 bilhões de créditos do Banco do Brasil a receber por somente R$ 300 milhões para o BTG, banco fundado pelo próprio ministro Paulo Guedes. Estão saqueando o país", alerta.

"Já o crédito às microempresas simplesmente não chegou", prossegue Ciro. "Essa demora, como revelou Guedes na vergonhosa reunião ministerial, era uma política de Estado de destruição das pequenas empresas para a manutenção das grandes. Todas essas insanidades nos levaram, nesses dois anos, ao recorde de evasão de capital da história do Brasil. O capital estrangeiro que, segundo os neoliberais, financiaria o nosso desenvolvimento, está fugindo em massa do país", afirma o ex-governador.

A resposta do governo Bolsonaro a esse quadro apocalíptico, segundo ele, está passando pelo mesmo remédio que matou o Brasil. "Mais aplicação do teto em investimentos, mais reformas para cortar direitos. A reforma administrativa é a nova panaceia deles. Como eu disse da reforma da Previdência, não terá impacto nenhum na economia, o pagamento de salários de servidores tem impacto relativamente reduzido no orçamento, os direitos adquiridos têm que ser respeitados e qualquer impacto residual no orçamento seria de longuíssimo prazo. O neoliberalismo é a cloroquina da economia. Não controla o vírus e vai nos matar de infarto", compara o político.

Por fim, caso tivesse sido eleito presidente do Brasil em 2018, Ciro Gomes afirma que teria seguido "o conhecimento científico no combate à pandemia. Nesse momento, manteria a suspensão da abertura de shows, bares e restaurantes, escolas e universidades, e investiria pesado no desenvolvimento de uma vacina e em conseguir reagentes para aumentar a testagem no Brasil".

"Economicamente, implantaria o imposto sobre lucros e dividendos empresariais (o Brasil é o único país que não cobra), recriaria a alíquota de 35% do imposto de renda, que cobrei com o Itamar (Franco), e aumentaria o imposto sobre heranças. Abriria investigação imediata sobre as operações compromissadas e diminuiria sua remuneração. Cortaria 20% por igual de todas as desonerações do governo de saída antes de analisar caso por caso", reflete Ciro.

"Todas essas medidas prepariam um orçamento equilibrado já em 2021. Contudo, o principal seria tirar o investimento público do limite do Teto de Gastos, retomando milhares de obras paradas e já licitadas por todo território nacional. Para restaurar a saúde financeira das empresas, um grande plano de refinanciamento nacional, e das famílias, meu plano de refinanciar as dívidas que levaram mais de sessenta milhões de cidadãs e cidadãos ao Serviço de Proteção ao Crédito (SPC). Essas seriam as medidas de curto e médio prazo que equilibrariam as contas, retomariam o esforço de desenvolvimento e prepariam a celebração de um novo projeto industrial para o Brasil", conclui Ciro Gomes.

UOL, 21 de agosto de 2020.

18
BOAVENTURA DE SOUSA SANTOS: CREDIBILIDADE DO SISTEMA JUDICIAL DO BRASIL FOI TREMENDAMENTE CORROÍDA PELA LAVA-JATO

Em sua mais recente obra, a terceira edição do livro Toward a New Legal Common Sense: Law, Globalization and Emancipation, que será lançada na próxima semana (31 de agosto) pela Cambridge University Press, na Inglaterra, o professor português Boaventura de Sousa Santos aborda a judicialização da política como um dos principais eventos transnacionais da nossa época. Ele afirma que, no caso brasileiro (Lava-Jato), existe um componente fortíssimo de influência externa e cita o livro A Ascensão do bolsonarismo no Brasil do Século XXI como referência bibliográfica para compreender o bolsonarismo e demonstrar as similaridades das ascensões de Jair Bolsonaro e Adolf Hitler, considerando a atuação da operação Lava-Jato.

"Por que a Operação Lava Jato foi muito além dos limites das polêmicas que habitualmente surgem na esteira de qualquer caso proeminente de ativismo judicial?", questiona Boaventura no sexto capítulo do seu novo livro. "Permitam-me salientar que a semelhança com a investigação italiana, Mãos Limpas, tem sido frequentemente invocada para justificar a exibição pública e a agitação social causadas por este ativismo judicial. Embora as semelhanças sejam aparentemente óbvias, há de fato duas diferenças bem definidas entre as duas investigações", prossegue o acadêmico.

Segundo ele, "(...) por um lado, os magistrados italianos sempre mantiveram o respeito escrupuloso pelo processo penal e, no máximo, não fizeram nada além de aplicar regras que haviam sido estrategicamente ignoradas por um sistema judicial que não era apenas complacente, mas também cúmplice dos privilégios dos políticos governantes e das elites na política do pós-guerra da Itália".

"Por outro lado, procuraram aplicar o mesmo zelo invariável na investigação dos crimes cometidos pelos dirigentes dos vários partidos políticos. Eles assumiram uma posição politicamente neutra justamente para defender o sistema judiciário dos ataques a que certamente seria submetido pelos visados por suas investigações e processos. Essa é a própria antítese do triste espetáculo que atualmente oferece ao mundo um setor do sistema judiciário brasileiro. O impacto causado pelo ativismo dos magistrados italianos passou a ser denominado República dos Juízes. No caso do ativismo do setor associado à Lava Jato, talvez fosse mais correto falar de uma república judiciária da Banana", afirma Boaventura. Ainda de acordo com ele, "a influência externa que está claramente por trás desse caso particular de ativismo judicial brasileiro estava amplamente ausente no caso italiano. Essa influência é o que está ditando a seletividade flagrante de tal procedimento investigativo e acusatório. Pois embora envolva dirigentes de vários partidos, o fato é que a Operação Lava Jato – e seus cúmplices da mídia – tem se mostrado extremamente inclinada a envolver as lideranças do PT (Partido dos Trabalhadores)."

Na página 386 do seu novo trabalho, Boaventura argumenta que a Lava-Jato tem menos semelhanças com a operação Mãos Limpas do que com o processo judicial que precedeu a ascensão do nazismo após o fim da primeira guerra mundial na Alemanha. "A Operação Lava Jato tem mais semelhanças com outra investigação judicial, que ocorreu na República de Weimar após o fracasso da revolução alemã de 1918. A partir daquele ano, e em um contexto de violência política originada tanto na extrema esquerda quanto na extrema direita , os tribunais alemães mostraram uma chocante demonstração de dois pesos e duas medidas, punindo com severidade o tipo de violência cometida pela extrema esquerda e mostrando grande leniência com a violência da extrema direita – a mesma direita que em poucos anos colocaria Hitler no poder. No Brasil, isso levou à eleição de Jair Bolsonaro", escreve o autor, que, neste parágrafo, oferece o livro

A Ascensão do Bolsonarismo no Brasil do Século XXI como referência bibliográfica sobre o bolsonarismo.

"A credibilidade do sistema judicial do Brasil foi tremendamente corroída pela manipulação grosseira a que foi submetido. Mas este é um sistema internamente diverso, com um número significativo de magistrados que entendem que a sua missão institucional e democrática consiste em respeitar o devido procedimento e falar exclusivamente no âmbito do processo", acrescenta Boaventura. Por fim, ele pondera que "(…) a grosseira violação desta missão, exposta pela Vaza -Jato ("Car-Leak"), está forçando as organizações profissionais a se distinguirem dos amadores. Uma recente declaração pública da Associação Brasileira de Juízes pela Democracia, chamando o ex-presidente Lula da Silva de prisioneiro político, é um sinal promissor de que o sistema judiciário está se preparando para recuperar a credibilidade perdida", conclui.

GGN, 23 de agosto de 2020.

19
SEM COORDENAÇÃO NACIONAL, A SITUAÇÃO SEGUIRÁ PIORANDO, DIZ PESQUISADORA

Quando a pandemia causada pela covid-19 estiver efetivamente encerrada – ao que tudo indica, em algum ponto do segundo semestre de 2022 – e os pesquisadores voltarem os seus esforços para entender como o Brasil registrou sozinho um número maior de óbitos causados pela doença do que todos os seus vizinhos sul-americanos somados, haverá três aspectos elementares a serem aprofundados.

O primeiro deles é o simbolismo presidencial, que ao longo de toda a pandemia negou a ciência e as recomendações da Organização Mundial de Saúde (OMS) junto à população brasileira; o segundo, a ausência da coordenação federativa, como resultado da falta de liderança e articulação da administração Bolsonaro nos âmbitos federal, estadual e municipal para a formulação de políticas públicas (de saúde e civil) eficazes; e o terceiro será a subnotificação de casos, devido aos baixíssimos níveis de testes que foram realizados na população brasileira e à morosidade do governo federal em adquirir os reagentes necessários para viabilizar o processo em ampla escala.

Para aprofundar este debate com o devido respaldo científico, esta semana o blog conversou com Lorena G. Barberia, professora livre-docente do Departamento de Ciência Política da Universidade de São Paulo e pesquisadora atuante na linha de frente do combate à pandemia. "Estamos realizando várias pesquisas para avaliar as respostas do governo federal, (governos) estaduais e municipais (frente à pandemia). A nossa pesquisa mais recente foca na resposta das políticas de saúde e nas medidas de contenção da pandemia", introduz a professora, que vem colaborando com pesquisadores internacionais da Universidade de Oxford.

"Na ausência de vacinas e medicamentos para curar os infectados, a OMS recomendou o aumento do distanciamento físico e a adoção de medidas econômicas e sociais que ajudassem a população a sobreviver em meio à crise e a permanecer em casa. Desde março, o boletim mais recente que produzimos mostra que o governo federal adotou medidas para fragilizar as políticas estaduais e municipais voltadas a aumentar o distanciamento físico", explica Barberia.

De acordo com ela, as administrações federais prévias, que foram conduzidas por diferentes partidos políticos, foram mais capazes de articular respostas coordenadas para as crises sanitárias do que a atual gestão brasileira.

"No gerenciamento de uma pandemia, um país precisa ativar um sistema de emergência com regras e responsabilidades bem definidas. No Brasil, os enfrentamentos das pandemias mais recentes foram conduzidos com estratégias claras do governo federal, de modo a orientar o SUS (Sistema Único de Saúde) e coordenar a ação dos estados e municípios. Foi assim nos casos da AIDS, do H1N1 e da SARS, que deram crédito ao Brasil no plano internacional. No caso da covid-19, isso não aconteceu. O governo federal não apresentou qualquer estratégia elaborada para combater a pandemia no âmbito nacional", garante a pesquisadora.

"Além das ações mais evidentes de intervenção na saúde da população", prossegue ela, "como a criação de hospitais de campanha, a habilitação de leitos de UTI COVID-19 e a manutenção de unidades de saúde básica, o governo federal também possui outras atribuições na gestão de emergências de saúde. Ao comparar (a gestão de Jair Bolsonaro) com outras federações, torna-se evidente que os casos de sucesso se destacam por ter coordenação no nível nacional, ainda que os governos subnacionais tenham um papel importante na implementação e até na definição de prioridades dentro de seus territórios".

A pesquisadora da USP conta que vem estudando as respostas de países que obtiveram resultados mais eficazes contra a doença, como Argentina, Alemanha e Canadá, e casos mais problemáticos, como os EUA e México. "Todas são federações, ou seja, países nos quais os governos subnacionais têm maior autonomia", ressalta.

Sobre quais seriam os pontos preponderantes para explicar o êxito dos países estudados, ela aponta: "várias diferenças importantes. No caso do Brasil, houve a troca do ministro da saúde duas vezes e o atual responsável, o general Eduardo Pazuello, está no cargo há cerca de noventa dias como interino. Os outros países não trocaram a liderança na gestão da pasta durante a pandemia".

"Além disso, as nações que lidaram com a pandemia de forma mais eficiente desenvolveram rapidamente a capacidade de testagem, adquiriram tecnologia e a habilidade de divulgar estes protocolos foi coordenada pelas autoridades sanitárias nacionais desde as primeiras semanas de janeiro de 2020 ao longo dos seus territórios", enfatiza Barberia.

Segundo ela, no caso do Brasil, a capacidade de testagem foi concentrada em São Paulo e Rio de Janeiro, inicialmente, e demorou a chegar ao resto do país. "Houve testagem em massa e rastreamento de contatos desde o início (da pandemia) em vários destes países. Houve alta coordenação nas medidas adotadas pelos governos subnacionais e o governo federal exerceu um papel importante em coordenar essas respostas nestes países", explica a professora.

"Ao fazermos essa comparação com outros países, fica evidente que o Brasil tem um número bem maior de óbitos do que os outros países pelas falhas que apontamos acima: falta de testagem, falta de apoio às medidas recomendadas pela OMS, falta de liderança e coordenação de políticas de saúde para todos os níveis da nação. O governo federal brasileiro adotou políticas que estão absolutamente na contramão das medidas recomendadas pela OMS", aponta Barberia.

Ainda de acordo com ela, as mensagens transmitidas à população por meio do simbolismo presidencial vêm agudizando a crise sanitária no Brasil. "O presidente fala contra as medidas que têm sido comprovadas cientificamente para evitar e diminuir a transmissão do vírus pela OMS. Dessa forma, as falas da liderança geram confusão na população sobre se há que aderir ou não ao distanciamento físico, a usar máscaras, tomar certo tipo de medicação, a evitar aglomerações e procurar ficar em casa, por exemplo", ilustra a pesquisadora.

"As nossas pesquisas que analisam a evolução da pandemia na federação ajudam a entender como chegamos a superar 100 mil, mas também alertam que podemos adotar políticas para diminuir o número de casos e óbitos. Quando se observa o número de novas mortes por milhão de habitantes, o Brasil desponta em primeiro lugar com 33 novos óbitos, colocando-se à frente dos EUA, que registraram 24 novos óbitos entre 2 e 8 de agosto. Sem coordenação nacional no enfrentamento da pandemia, a situação vai continuar piorando", conclui Barberia.

UOL, 1 de setembro de 2020.

20
HADDAD: "BOLSONARO CONSEGUIU DOBRAR O PIOR CENÁRIO PROJETADO PARA A COVID"

*P*ara entender as proposições de um dos principais partidos políticos do país, nosso quarto entrevistado no Especial Eleições é Fernando Haddad, que foi ministro da Educação de 2005 a 2012, nos governos Lula e Dilma Rousseff, e prefeito da cidade de São Paulo de 2013 a 2016. Em 2018, ele esteve no segundo turno da disputa presidencial pelo Partido dos Trabalhadores (PT), quando recebeu mais de 47 milhões de votos.

Foi apresentado recentemente pelo PT o "Plano Nacional de Reconstrução e Transformação do Brasil", documento de 210 páginas que endereça a resposta institucional do partido à atual emergência social, econômica e política do país. Sobre essa iniciativa, Haddad afirma que não se trata de um plano de governo, mas de um subsídio para orientar o Congresso Nacional a organizar um plano de saída para a crise econômica.

"É um fato inédito na história um partido de oposição reunir mais de quinhentos especialistas de várias áreas do conhecimento, todos com experiência em gestão pública, acadêmica ou no terceiro setor, alguns atuam no atual governo, inclusive, e colaboraram de forma anônima para não sofrerem nenhum tipo de constrangimento. É um programa extenso, que passa por todas as questões relevantes (para a sociedade brasileira). A questão ambiental, matriz energética, geração de empregos, a criação de um programa de renda turbinado chamado Mais Bolsa Família, política de recuperação de obras públicas, apoio a micro e pequena empresa, linhas de crédito para que essas empresas possam se recuperar rapidamente da crise financeira", introduz Haddad.

Para ele, nós "estamos falando pouquíssimo de ciência e tecnologia atualmente no Brasil. Nos últimos quatro anos, os investimentos neste setor caíram 70%. (…) A educação segue uma escalada obscurantista. Então, estou falando de áreas como política externa, meio ambiente , ciência e tecnologia, cultura, educação e saúde , que são áreas centrais (da vida social brasileira) e não são discutidas hoje no Brasil. (…) Do ponto de vista de um projeto estratégico para o país, nós estamos absolutamente à deriva".

Sobre os processos de ativismo judicial que foram muito presentes nas últimas eleições presidenciais, Haddad ressalta que "hoje, uma boa parte do Brasil lamenta o uso político que foi feito da Operação Lava-Jato. Ao ponto que o ex-juiz (Sergio Moro) está pensando em deixar o país, porque não tem ambiente para permanecer aqui. Olha, eu fui candidato à Presidência pelo PT e eu vou a todos os cantos, eu não tenho segurança, nada. Porque eu não devo nada para ninguém. Eu fui para Curitiba, que é uma cidade conservadora, mais de quarenta vezes. Avião de carreira (voo comercial). Eu nunca fui incomodado por ninguém. Parte do (Poder) Judiciário se deixou levar por uma onda partidária, ruim para o país", avalia.

"Toda eleição tem alguma iniciativa nesse sentido. Em 2012", prossegue ele, "eles marcaram o julgamento do mensalão para os trinta dias do período eleitoral. Eu nem sei como nós vencemos aquelas eleições (para a Prefeitura de São Paulo), porque todo dia acontecia algo e eu estava disputando contra o (José) Serra, que tinha ganhado da Dilma (Rousseff) dois anos antes na cidade de São Paulo".

"Em 2016, foi uma loucura. Prenderam um monte de gente que está solta hoje. Aquelas operações absurdas e fantásticas que eles faziam. Em 2018, aconteceu tudo o que o Brasil sabe, porque foi uma eleição presidencial. (…) Eu senti na pele o que é esse tipo de ação intimidatória contra a democracia", acrescenta. Além da judicialização da política, duas outras forças estão muito presentes no cenário pré-eleitoral das eleições municipais de 2020: participação de candidatos com títulos militares e evangélicos.

"Eu sempre acreditei que existiam forças de extrema direita no Brasil que não conseguiam canais de expressão. Elas estavam travadas, porque nem o PT e nem o PSDB representavam essas pessoas, que acabavam votando no PSDB, mas sabendo que não era o partido dos seus sonhos. Essa extrema direita aplaude o golpe de 1964, acredita que a lei e a ordem devem ser mantidas na base da violência, é a favor de armar a população, tem uma visão racialista do Brasil, que a desigualdade (social) é aceitável e esse tipo de coisas que hoje a gente ouve com a maior naturalidade".

"O Brasil já teve dois milhões de integralistas nos anos 1930. Inclusive, eu desconfio que a sigma do integralismo é o M de (Benito) Mussolini deitado. Eles tinham o Mussolini como referência. Ou seja, o Brasil sempre teve isso e essa proposta expressa o posicionamento deste eleitorado extremista", acrescenta o ex-ministro. Uma característica intrínseca da proposta ultradireitista é a redução do debate, o que também vem acontecendo durante as eleições de 2020.

"O (Jair) Bolsonaro não tem a menor condição de participar de um debate. Ele tentou poucas vezes e foram vexames muito grandes. Eu lembro da (jornalista) Miriam Leitão perguntando para ele sobre o Fundeb (Fundo de Manutenção e Desenvolvimento da Educação Básica) e ele não sabia sequer o que significa a sigla", relembra Haddad. Para o petista, dois anos depois das eleições de 2018 o presidente brasileiro "continua com muita dificuldade. Ele evita os jornalistas, porque fica muito nervoso. O (Donald) Trump até participou do debate, mas interrompeu 120 vezes o seu adversário ou o moderador. São pessoas com muita dificuldade de estabelecer o contraditório. A democracia perde qualidade.

Na avaliação de Haddad, a gestão da pandemia pelo governo Bolsonaro agravou a situação brasileira de forma significativa. "Não há dúvida sobre esse fato. A Índia, que tem a população sete vezes maior do que a nossa, não alcançou o número de mortes do Brasil. Estamos falando do colapso da gestão pública (brasileira). Não houve protocolo, matriz de risco, coordenação e orientação para governadores e prefeitos, não houve uma reunião séria em Brasília. Nada. O presidente não assumiu o comando do país e agora estamos beirando a casa de 150 mil mortes".

Ainda de acordo com ele, "nas estimativas iniciais, os especialistas diziam que, caso o Brasil fizesse tudo certo, morreriam entre 30 e 40 mil pessoas e, caso o país fizesse tudo errado seriam 70 mil vítimas (do covid-19). Esse era o pior número. A gestão Bolsonaro conseguiu dobrar o pior cenário projetado no começo do ano. Perdemos o dobro de vidas. Não era para ser assim. Não foi assim nos países liderados por gente séria". Nesse sentido, Haddad acredita que a invocação do federalismo cooperativo, parâmetro constitucional que prevê a descentralização do exercício do poder entre os entes federativos da União, não pode ser usado pelo governo federal para justificar a sua ausência no enfrentamento à pandemia.

"O que a decisão do Supremo (Tribunal Federal) significa na prática é que vale a regra mais dura. Suponhamos que o presidente adote uma regra branda e um prefeito adote medidas mais rígidas. No município desse prefeito, vale a regra mais forte, porque a realidade nessa municipalidade pode ser diferente do contexto nacional", explica. "Não existe, até hoje, nenhuma orientação do governo federal no sentido de coordenar e instruir as ações dos governadores e prefeitos. Em nenhuma área", complementa Haddad.

Com relação às eleições estadunidenses e a política externa da gestão Bolsonaro, ele afirma que "o Brasil deve ser amigo de todas as nações. Não podemos ser hostis com ninguém, ao menos que sejamos ofendidos em nossa soberania. Não podemos ser subservientes a ninguém. Por exemplo, o Brasil jamais poderia tolerar a atual política dos EUA para a nossa indústria do aço e etanol de milho para favorecer a reeleição do Trump".

"Caso o Biden vença, o que o Bolsonaro vai fazer? Demitir o Ricardo Salles e o Ernesto Araújo? Como ele vai estabelecer uma relação depois de tudo o que ele falou? Vai conversar com quem? Já brigou com a Argentina, China, França. Com o mundo todo", questiona Haddad, que também comentou a situação atual do Itamaraty. "A Fundação Alexandre de Gusmão está sendo humilhada com seminários terraplanistas. Como a diplomacia brasileira pode se meter em algo assim?".

Sobre os motivos pelos quais, apesar das denúncias de corrupção envolvendo a família Bolsonaro, o presidente seguir contando com o apoio de parte considerável do eleitorado brasileiro, Haddad faz uma analogia com a política do "rouba, mas faz".

"O bolsonarismo lembra muito o malufismo. Nenhum dos seus seguidores tinha muita dúvida de quem era o (Paulo) Maluf e ainda assim o apoiavam. Por isso não existe nenhuma indignação com todas as provas que surgiram de como a família Bolsonaro construiu o seu patrimônio desviando dinheiro público via servidores fantasmas. Todos os dias tem matérias nos jornais e os apoiadores do Bolsonaro não ligam a mínima, porque nunca foi esse o problema para eles", pondera Haddad.

Por fim, ele ressalta que "o nacionalismo verdadeiro é forjado pelo povo. Quando o povo chega às universidades e começa a pensar o seu próprio destino você tem um projeto nacional em curso. Esse processo começou muito recentemente no Brasil, fruto dos investimentos que foram feitos nos últimos governos. É um processo histórico e longo: forjar a consciência nacional para despertar e emancipar o país. Ciência, política e arte. Essas são as três vias para a nossa felicidade", conclui.

UOL, 8 de outubro de 2020.

21
LILIA SCHWARCZ: "O BRASIL SEMPRE EVITOU FALAR DA MORTE"

Com o seu novo livro, intitulado "A bailarina da morte: A gripe espanhola no Brasil", lançado no mês passado pela Companhia das Letras, em parceria com a historiadora Heloisa Starling, a antropóloga e historiadora Lilia Moritz Schwarcz organiza um contundente retrato do Brasil durante a pandemia causada pela gripe espanhola e investiga a doença mortal que há um século assombrou a humanidade, evidenciando trágicas semelhanças e diferenças com a covid-19 e com a gestão bolsonarista no Brasil de 2020.

Em entrevista ao blog essa semana, Schwarcz ressaltou como os legados coloniais e imperiais do Brasil auxiliaram a ascensão do bolsonarismo em 2018.

"A minha convicção é a de que Jair Bolsonaro é um sintoma. Ele não é a causa. Essas causas são muito mais profundas. (…) O Brasil sempre foi autoritário e o nosso presente está lotado de passado. Eu vou ao passado resgatar esses elementos que ainda fazem sentido na agenda contemporânea e que chegam até o Bolsonaro e à ascensão desse governo", introduz a historiadora, que leciona na Universidade de São Paulo, na Universidade de Princeton (EA) e recebeu a comenda da Ordem Nacional do Mérito Científico em 2010.

"Eu analiso a questão racial", prossegue ela, "que para mim é a grande contradição a ser reavaliada na sociabilidade brasileira, a questão do mandonismo e como esse parâmetro vem do Brasil colonial, quando havia muita terra e pouca população com um sistema de hierarquia forçada e naturalizada, o patrimonialismo, que é outro aspecto que eu localizo como fundamental nesse sentido, ou seja, essa mistura fácil entre as esferas pública e privada e a desigualdade social, a violência e a corrupção como os pontos centrais desse processo histórico".

Para apresentar o seu novo livro, Schwarcz cita a escritora estadunidense Susan Sontag e aponta que "uma doença só existe para a população quando ela pode ser redigida, explicada e sentida. (…) Não existiam relatos de época sobre a gripe espanhola. O que eu encontrei foi uma troca de cartas, na qual o Monteiro Lobato diz ao Lima Barreto: 'Lima, tu não vai escrever sobre a espanhola?', ao que o Lima responde: 'Eu não. Eu sou mais carnavalesco'. Isso me tocou o sinal de como é difícil falar da morte. Isso era complicado em 1918 e também vale para 2020".

Enquanto antropóloga e historiadora, a acadêmica avalia que o simbolismo presidencial avançado por Jair Bolsonaro agravou a crise sanitária no Brasil em 2020 e estabelece algumas comparações metafóricas com o passado.

"Nós vivemos em um país no qual o chefe do (Poder) Executivo é incapaz de render qualquer homenagem às famílias enlutadas. Isso caracteriza uma espécie de 'sequestro da morte', assim como aconteceu na pandemia de 1918. Nós vamos pagar caro por isso. (…) Outra semelhança dessa crise com a do século passado é que as autoridades brasileiras responderam com muito negacionismo em ambos os casos. A diferença é que, no caso da gripe espanhola, as autoridades assumiram as medidas de profilaxia determinadas na época. Em 1918, nós não conhecíamos as causas, mas sabíamos os sintomas. Passado o primeiro susto, todas as autoridades, com mais ou menos agilidade, assumiram o perigo e seguiram as orientações científicas: adotaram as máscaras de forma institucional, as escolas e igrejas foram fechadas, o comércio foi fechado, teatros etc. Em São Paulo, por exemplo, o diretor do Teatro Municipal disse que não fecharia e foi obrigado a ceder, porque a principal cantora da época ficou 'espanholada', que era o termo usado para dizer que a pessoa havia sido infectada pela doença", conta Schwarcz.

Em 1918, não havia o Ministério da Saúde do Brasil, que só foi criado na década de 1930. "Hoje, nós temos esse ministério sendo liderado por um general que não é especialista na área da saúde, e um presidente (da República) absolutamente negacionista, que ataca a ciência e até o desenvolvimento da própria vacina. Isso não havia em 1918", pondera ela. A gripe espanhola chegou ao Brasil por meio de navio e com a pecha de democrática, que atingia a todas as pessoas. Na prática, contudo, quem morreu, de fato, foram os ex-escravos que viviam na periferia das cidades, os imigrantes e a população pobre. O cenário atual mostra semelhanças contundentes.

"Em 2020, a covid-19 chegou de avião e a primeira notícia foi a de que ela seria democrática, o que novamente provou-se uma falácia, porque quem está morrendo, sobretudo, são as populações negras e das periferias mais vulneráveis nas grandes capitais do país", complementa a professora.

Ainda de acordo com ela, o pensamento da cura mágica é outro paralelo entre as duas pandemias. "Na gripe espanhola de 1918 foi muito utilizado um medicamento chamado sal de quinino, que era adotado para combater a malária. Já naquela ocasião, os médicos diziam que não era bom tomar esse remédio, porque ele causava, inclusive, problemas cardíacos. (...) O sal de quinino tem a mesma composição da cloroquina, ou seja, o presidente (Bolsonaro) tornou-se garoto propaganda de um produto advertido pela ciência desde o começo do século passado".

Nesse sentido, o jornalismo, tanto em 1918 como em 2020, teve um papel fundamental. "Em alguns estados, como no Rio Grande do Sul, tentaram maquiar os números da pandemia por conta de processos eleitorais. Foram os jornalistas que trouxeram esses dados à população", garante Schwarcz, lembrando as semelhanças com o que fez o consórcio formado pelos veículos de imprensa em 2020.

"No Brasil, em 2020, a política de combate à doença por parte do governo federal foi vergonhosa, mesmo quando comparada com o que foi feito na nação um século atrás. Eu costumo inverter a máxima do (sociólogo Émile) Durkheim, que fala sobre a eficácia simbólica do poder político. Eu digo que existe a eficácia política do poder simbólico. A minha maior preocupação não é com o que o Bolsonaro pense e diga, mas com o que ele avaliza. Ele tenta transmitir essa imagem de virilidade, dos séculos passados, montando cavalos de forma imponente mesmo demonstrando que não tem intimidade com a montaria. Existe uma foto clássica do Mussolini, no qual os assessores deles seguram o animal para o ditador pousar em cima da cela segurando a sua espada para cima, que lembra muito essa imagem do Bolsonaro. Essa linguagem bélica que ele utiliza o tempo todo, com símbolos fálicos e que usa a violência como forma de governar", lamenta a antropóloga.

Em termos de imagens do poder, os dirigentes com frequência evocam a questão da infância para se representar, porque as crianças simbolizam a continuidade e o futuro. "O Bolsonaro foi fotografado fazendo 'arminha' com as mãos das crianças. Esse é um símbolo muito forte do bolsonarismo, que visa sempre transformar adversários políticos em inimigos pessoais, principalmente por meio da disseminação de teorias conspiratórias, todas pautadas em notícias falsas e na construção de realidades paralelas. (…) A polarização potencializada pelo bolsonarismo é muito organizada ao redor de subjetividade, afeto e simbolismo. (…) A lógica da alteridade faz muito parte da base das mensagens avançadas pelo discurso bolsonarista e dos símbolos que eles alimentam a todo o momento", ressalta Schwarcz, que para concluir relembra o escritor e intelectual Mário Pedrosa.

"Ele diz que, em tempo de crise, devemos sempre ficar próximos aos artistas. Essa ideia nunca foi tão forte e pertinente como neste momento. A cultura de um povo não somente reflete certo contexto, mas também ajudar a moldar este cenário sociopolítico. (…) Em momentos de crise, as narrativas históricas ganham uma importância tremenda. Todo novo governo que ascende pretende começar do zero. Governos autoritários, sobretudo, sempre tentam se aproveitar de momentos calamitosos para tentar reescrever a história da forma mais conveniente. A narrativa histórica nunca foi tão importante quanto nesse momento, porque o governo (Bolsonaro) tem atuado, fundamentalmente, com base em dois grandes episódios fundamentais para a história presente do Brasil: a escravidão e a ditadura militar", conclui.

UOL, 20 de novembro de 2020.

22
ERIKA HILTON: "SOCIEDADE BUSCA ANTÍDOTO AO BOLSONARISMO"

Com 50.447 votos, Erika Hilton (PSOL) tornou-se a primeira vereadora trans e negra eleita da cidade de São Paulo, sendo a mulher mais votada de todo o Brasil nas eleições municipais de 2020. Essa semana, ela conversou com o blog sobre a sua história de vida e, também, sobre temas que permearam a campanha eleitoral em São Paulo como a violência nas ruas da cidade, a discriminação e o abandono.

"A minha trajetória política se dá a partir do momento em que eu vejo o meu corpo, que teve muito referencial de humanidade, afeto e proteção na minha infância, sendo hostilizado e colocado em um lugar de desumanização. Eu cresci com mulheres guerreiras, trabalhadoras, que me cercaram de muito amor. A mulher que eu sou hoje eu devo a elas (…), mas, quando eu comecei a assumir a minha identidade de gênero, a minha mãe estava cooptada por uma ideia fundamentalista religiosa, o que a fez me expulsar muito cedo de casa", introduz a vereadora, que com apenas 14 anos naquela ocasião descobriu uma realidade cruel nas ruas, nas esquinas e nas casas de cafetinas.

Por meio da educação da universidade pública brasileira, Hilton elaborou outro projeto de vida e conseguiu se tornar a mulher mais votada do país alguns anos depois. "Passei a viver essa vida desumanizada nas ruas durante a minha adolescência inteira. Quando eu reatei com a minha família, com a minha mãe e irmãs, eu tive a possibilidade de voltar a estudar e de me colocar como um corpo politicamente ativo (…) por meio da militância em um movimento estudantil", acrescenta.

"Um corpo trans, negro, de mulher e que tem consciência das suas origens e da sua história já está fazendo política, não a institucional e partidária, mas uma política de sobrevivência mesmo. Uma política pela vida. Fundei um cursinho pré-vestibular na USP em São Carlos voltado para as pessoas trans e travestis e comecei a lecionar e coordenar essa iniciativa, e por esse caminho iniciou-se a minha trajetória partidária", conta a parlamentar. Em 2015, veio a filiação ao PSOL, quando ela começou a atuar mais próxima ao partido, mas ainda não como candidata e sem o interesse de disputar uma eleição naquele momento.

"Em 2018, eu recebi um convite da bancada ativista para integrar um mandato coletivo e confesso que fiquei reticente em aceitar, porque me perguntei se estava preparada para ocupar aquele lugar. Eu tinha medo de que a política institucional tirasse a minha veia militante e me enquadrasse na institucionalidade, mas achei que a plataforma era interessante, o momento era pertinente e importantíssimo, era a ascensão do bolsonarismo no Brasil, então resolvi seguir em frente. Nessa ocasião começa a minha jornada como um corpo parlamentar. Atuei quase dois anos como codeputada, dentro e fora da Assembleia Legislativa de São Paulo. Em 2020, lançamos a candidatura Gente é Para Bilhar e recebemos essa votação recorde do povo brasileiro", celebra Hilton.

Segundo ela, na eleição de Jair Bolsonaro, "a população LGBTQIA+ chorou nas ruas por conta do projeto nefasto que havia sido eleito. Tínhamos o receio de sermos metralhadas nas ruas em plena luz do dia ou queimadas em praça pública. O que o bolsonarismo representava é esse projeto de aniquilação, morte e destruição de todas as classes mais pobres e vulneráveis. Esse projeto representa a precarização dos sistemas de saúde, educacional, transporte público, de tudo. Representa uma ameaça para 90% da sociedade brasileira para defender os interesses de uma casta hegemônica que sempre esteve no poder".

Mais especificamente, as populações negras, LGBTQIA+ e indígenas foram eleitas como as principais inimigas do governo bolsonarista. "Éramos nós que estávamos na mira do ódio, das notícias falsas, foram os corpos que tiveram que pedir asilo político em outros países. Então, quando em 2020 a nossa campanha elege uma mulher preta, jovem, vinda da periferia, travesti com muito orgulho e que tem esse discurso baseado na minha história de vida e não em teorias, sendo eleita como a mulher mais bem votada do país, isso significa uma resposta que a sociedade está buscando na forma de um antídoto ao bolsonarismo", pondera a vereadora.

"Somos muitas", prossegue ela, "estamos organizadas e estamos conduzindo um ato revolucionário de contra-ataque a esse sistema hegemônico que sempre nos atacou durante as nossas vidas inteiras. Não vamos nos calar e não sentiremos medo da ameaça institucional que está posta em nosso país. Vamos às ruas eleger representantes legislativos que sejam capazes de combater todo o mal que o bolsonarismo acarretou ao Brasil. Não seremos mais vítimas caladas de uma oligarquia política que só nos coloca e um lugar de mazelas".

Ainda de acordo com Hilton, o seu mandato parlamentar vai estimular a visibilidade trans e os grupos sociais que foram historicamente negligenciados e violentados pelo poder público e sociedade civil no Brasil.

"Agora nós vamos falar de vida, de favela, das esquinas de prostituição, das casas de cafetinagem, do genocídio policial, dos direitos dos homens e mulheres transexuais. Somos o antídoto do bolsonarismo e o começo de uma nova era que está por vir. Uma era que vai barrar o retrocesso e mostrar que a política institucional brasileira não é somente um lugar para homens, brancos, velhos e cisgênero. (...) Nós chegamos para mudar esse cenário. O Brasil elegeu uma mulher, travesti preta como a vereadora mais votada em 2020. Estamos virando uma chave estrutural e mostrando que nós existimos para além do cárcere, das esquinas e das manchetes policiais e temos a capacidade de fazer uma política honesta e coerente com os movimentos sociais e alinhada com as bases populares e as ideias de Marielle Franco, Lélia Gonzalez, Benedita da Silva. Uma política da vida", garante.

Ela entende, contudo, que isso não significa que as barbaridades às quais os grupos mais diversos sempre enfrentaram no país terminam imediatamente. "Vamos ressignificando a sociedade um passo por vez, mudando a percepção das pessoas com relação ao mundo. Não permitiremos mais sermos interrompidas ou invisibilizadas. Estamos sedentas de justiça social e vamos incomodar até que muitas de nós ocupem cadeiras no Parlamento (brasileiro)".

Quando questionada sobre o risco real que exercer a profissão de parlamentar defendendo determinadas pautas progressistas invariavelmente oferece no Brasil, Hilton ilustra como essa força para batalhar por progresso social emerge da luta contra a opressão, a exclusão, a discriminação e a destruição do meio ambiente.

"Eu sinto medo pela minha própria vida, mas isso não começou agora (durante as eleições de 2020). Eu sempre senti medo pela minha vida. Quando se nasce negra, mulher e travesti, na periferia de São Paulo, sentir medo pela sua vida é a primeira coisa que te acompanha. Você vê as suas pessoas amadas sendo mortas, aprisionadas. Estar na política me coloca em uma posição de maior visibilidade, mais exposta. Mas, quando eu estava em uma esquina e entrava no carro de um cliente desconhecido, eu também tinha medo de não voltar. Quando eu ficava acordada, de madrugada, nas ruas de São Paulo esperando para garantir o meu sustento, eu também tinha medo de ser apedrejada, espancada, de levar um tiro. Eu sempre tive medo pela minha vida graças a essas estruturas de ódio e violência que marcam corpos como o meu para serem mortos e abusados. Apesar disso, esse medo não me paralisa, mas me encoraja e me convoca a fazer uma mudança para denunciar essas estruturas podres da política institucional e estimular outras mulheres e jovens a ocuparem posições de poder", enfatiza Erika.

"Eu quero deixar como legado uma política horizontal, popular e participativa, conduzida pela perspectiva da classe trabalhadora e dos mais pobres. Quero ser lembrada como uma mulher forte, que enfrentou os absurdos da política brasileira e paulistana na minha época. Sigamos na luta e afrontando essas estruturas de poder", conclui.

UOL, 1 de dezembro de 2020.

23
BOLSONARISMO CRIOU TEMPESTADE PERFEITA PARA O BRASIL EM 2020

No Brasil, a crise causada pela covid-19 combinou-se com o bolsonarismo e a instabilidade política preexistente e ganhou novos contornos, o que gerou múltiplos planos de conflito institucional – (1) dentro do próprio governo federal; (2) entre os níveis federativos (com governadores e prefeitos estaduais); (3) com os demais poderes da República (Judiciário e Legislativo) e (4) junto à sociedade internacional – e produziu as causas centrais do agravamento do que se tornou uma sindemia no país em 2020.

Dentre essas causas, destacam-se: (a) o simbolismo presidencial, que ao longo de toda a crise sanitária negou a ciência e as recomendações da Organização Mundial de Saúde (OMS) junto à população brasileira; (b) a ausência do federalismo cooperativo, como resultado da falta de liderança, coordenação e articulação da administração Bolsonaro nos âmbitos federal, estadual e municipal para a formulação de políticas públicas eficazes, (c) a gestão do Ministério da Saúde, que teve as suas lideranças alteradas diversas vezes ao longo da pandemia e (d) a subdiagnosticação/subnotificação de casos, devido aos baixíssimos níveis de testes que foram realizados na população brasileira, à morosidade do governo federal em adquirir os reagentes necessários para viabilizar o processo em ampla escala e à politização irrestrita que o bolsonarismo imprimiu ao tema.

O resultado foi a formação da tempestade perfeita para o Brasil. Um cenário de incertezas, insegurança pública, descrédito internacional, ausência de harmonia institucional e recessão econômica poucas vezes – ou talvez jamais – verificado na história da República.

No último mês de 2020, após todas as ações e omissões da administração Bolsonaro, o Brasil finalmente encontra-se no vórtice dessa tempestade: mais de 190 mil mortes em decorrência da pandemia, escândalos de corrupção e desvios do governo, um colapso econômico, com desemprego recorde de 14,4% (na quarta semana de setembro de 2020), atingindo mais de quatorze milhões de pessoas e especialmente a parcela mais jovem da população, taxa de conversão do dólar estadunidense em R$ 5,61 , o litro da gasolina variando entre R$ 4,385 (região Sul) e R$ 4,748 (região Norte), o botijão de gás de cozinha de treze quilos em R$ 105, o pacote de cinco quilos de arroz, normalmente vendido por aproximadamente R$ 15, ultrapassando a marca de R$ 40, o aumento da desigualdade social de forma expressiva na comparação com os anos anteriores – processo que se acentuou em virtude de medidas econômicas neoliberais adotadas antes da pandemia sequer chegar ao Brasil –, a pobreza assombrando quase 52 milhões (menos de R$ 5,50 por dia) e a pobreza extrema afetando 13,7 milhões de brasileiros.

MÚLTIPLOS PLANOS DE UMA CRISE INSTITUCIONAL

O governo "minimiza a pandemia", alegou Rodrigo Maia, presidente da Câmara dos Deputados, em diversas ocasiões públicas entre abril e julho de 2020, meses que selaram o auge da crise sanitária no país. Neste cenário, figuras emblemáticas do bolsonarismo ameaçaram publicamente o fechamento de órgãos do Poder Judiciário e atacaram alguns dos principais representantes do Poder Legislativo, bem como atores centrais do tabuleiro geopolítico global. Além disso, o presidente, o vice-presidente, ministros e membros do próprio governo brigaram internamente ante ao escrutínio público com muita frequência.

Essa falta de harmonia institucional, que foi inflamada principalmente pelas falas de Jair Bolsonaro, impediu a elaboração de ações coesas entre os níveis federativos, os poderes da República e o restante do mundo, o que custou caro à população brasileira considerando a perda de vidas e o número de pessoas infectadas.

SIMBOLISMO PRESIDENCIAL

Teoricamente, o simbolismo presidencial é o conjunto de processos de comunicação exercido pelo presidente da República e membros do seu gabinete para infundir o debate público e espiritar a vida social, política e econômica da nação.

Na prática, essa força presidencial estimulou a multiplicação desenfreada de milícias de extrema direita entre os anos de 2019 e 2020, por exemplo. Num período de dois anos, entre maio de 2018 e de 2020, a criação de novas páginas de internet com conteúdo relacionado ao nazismo cresceu mais de 700% no Brasil, segundo a ONG Safenet.

Ou seja, o simbolismo presidencial é uma das principais forças de qualquer gestão federal nos estados modernos, porque as ideias adotadas e avançadas pelo presidente da República e quadros da sua composição política ganham ressonância na cultura popular do país e se consolidam em ações práticas que orientam o rumo da nação, principalmente em momentos de crise. Jair Bolsonaro usou o simbolismo presidencial para orientar os brasileiros a invadirem hospitais (para verificar se os leitos reservados à doença estavam ocupados) e correu atrás de uma ema com uma caixa de cloroquina nas mãos. O simbolismo presidencial é a principal força para refletir sobre o atual trágico cenário brasileiro.

A AUSÊNCIA DO FEDERALISMO COOPERATIVO

No dia 20 de março de 2020, Jair Bolsonaro promulgou a Medida Provisória n° 926 e alterou o texto da lei 13.979, estabelecendo que as medidas de resposta à crise sanitária seriam geridas no nível subnacional, ou seja, pelos próprios estados e sem a coordenação federal, o que enfraqueceu o já combalido federalismo cooperativo, as portarias anteriores emitidas pelo próprio Ministério da Saúde e a lógica de funcionamento do Sistema Único de Saúde, que pressupunha a coordenação e a articulação do nível federal.

De fato, o federalismo cooperativo – que foi introduzido pela Constituição Federal de 1988 – propõe uma distribuição descentralizada dos poderes de forma equilibrada, considerando os diferentes níveis de governo no Brasil. Contudo, este parâmetro constitucional visa a estimular o fortalecimento das relações de cooperação e coordenação entre os entes federativos e o governo federal. Nesse sentido, o parágrafo único do artigo 23 discorre sobre as competências comuns de caráter cooperativo, com o objetivo de equacionar o equilíbrio do desenvolvimento e o bem-estar de toda a nação e que devem ser reguladas por leis complementares.

A República Federativa do Brasil é formada pela união indissolúvel dos seus entes federativos , que juntos devem atuar para o desenvolvimento nacional , com competências comuns relevantes: políticas de saúde, acesso à educação, proteção do meio ambiente e do patrimônio público e saneamento básico, por exemplo. Portanto, o caráter cooperativo é fundamental para reger as relações federativas no Brasil. Esse é o pressuposto do federalismo cooperativo brasileiro.

Apesar disso, durante a pior pandemia do último século, a gestão Bolsonaro e diversas autoridades da vida política brasileira exaltaram este parâmetro da Carta Magna para avançar que o estabelecimento de um nível de autonomia político-legislativa entre as entidades federativas e o governo federal era o caminho mais adequado para lidar com a complexidade da crise sanitária, algo que contrariou o que fizeram basicamente todos os países que foram capazes de lidar com a crise de forma eficaz e criou desavenças de todas as ordens entre algumas das principais forças políticas do país.

A GESTÃO DO MINISTÉRIO DA SAÚDE

Imagine que, para efeito de compreensão, o papel do Ministério da Saúde do Brasil durante grandes crises sanitárias possa ser comparado às atribuições de um maestro frente à orquestra. Cabe ao regente harmonizar os atores musicais para que cada membro da formação possa prover os seus recursos sonoros de forma coesa e no tempo mais adequado. No Brasil, em 2020, a sinfonia desafinou devido à inépcia da administração Bolsonaro.

Um relatório apresentado em julho de 2020 pelo Tribunal de Contas da União (TCU) afirma que o Ministério da Saúde utilizou somente 29% do dinheiro que estava ao seu dispor para as ações de enfrentamento à pandemia. A análise estudou os gastos da instituição pública desde março e, de acordo com o documento, o Ministério da Saúde recebeu, até o último dia de junho de 2020, R$ 38,9 bilhões para as ações específicas contra o coronavírus, que deveriam ser empregadas da seguinte maneira, segundo o TCU: R$ 16 bilhões para os fundos municipais de saúde; R$ 9,9 bilhões para os fundos estaduais de saúde; R$ 11 bilhões em ações diretas do próprio Ministério da Saúde, como compra de respiradores, testes e equipamentos de proteção, e R$ 542 milhões em transferências para o exterior para a aquisição de insumos importados.

Segundo os auditores do TCU, dos quase R$ 39 bilhões, o Ministério da Saúde utilizou somente R$ 11,4 bilhões até o fim de junho de 2020: 29% de tudo o que recebeu para combater o coronavírus durante o momento mais agudo da crise sanitária no país. Assim, o Tribunal de Contas da União, cujo papel é exercer o controle externo do governo federal e auxiliar o Congresso Nacional na missão de acompanhar a execução orçamentária e financeira do país, apontou a omissão e a falta de coordenação e de critérios do Ministério da Saúde sob a gestão Bolsonaro para a distribuição dos recursos por estados.

Outro fato alarmante e que demonstra bem os aspectos ressaltados pelo TCU é a subutilização dos exames RT-PCR durante o auge da pandemia no Brasil. Ao todo, o Ministério da Saúde investiu R$ 764,5 milhões em testes e deixou 6,86 milhões de unidades, que custaram R$ 290 milhões desse recurso, simplesmente estocados em um armazém do governo federal na cidade de Guarulhos, em São Paulo, quando poderiam ter sido distribuídos para a rede pública. Com três trocas de lideranças durante os primeiros seis meses da pandemia no Brasil, o Ministério da Saúde sob o bolsonarismo foi inutilizado, basicamente.

SUBDIAGNOSTICAÇÃO E SUBNOTIFICAÇÃO DE CASOS

Existe uma diferença elementar que precisa ser bem compreendida para abordarmos o tema deste capítulo: subdiagnosticação é o termo usado para expressar a baixa quantidade de casos que foram identificados no Brasil com relação à totalidade das infecções e mortes geradas pela covid-19 em território nacional, o que se deu por conta da falta de um plano sólido de testagem em massa da população. Subnotificação é a palavra utilizada para descrever a baixa taxa e a falta de qualidade da comunicação que foi efetivada pelas autoridades governamentais junto à população considerando os casos que foram diagnosticados, efetivamente, o que ocorreu por conta da inépcia do bolsonarismo frente à gestão da área de saúde durante a crise. Para ambos os casos, devido aos baixíssimos níveis de testes que foram realizados na população brasileira, à morosidade da administração Bolsonaro em adquirir os reagentes necessários para viabilizar esse processo em ampla escala e à politização da divulgação dos dados imprimida ao tema, toda a classe científica das ciências médicas e sociais brasileiras foi obrigada a enfrentar a maior pandemia do século até o presente momento sem dados acurados para pautar as suas decisões e organizar as melhores estratégias. No escuro, basicamente.

Diferentes estudos foram conduzidos por pesquisadores brasileiros para dimensionar a real extensão da subdiagnosticação e da subnotificação de casos de covid-19 no Brasil. Apesar de ser impossível cravar com precisão absoluta, essas investigações indicam que o número real de casos no país (mortes e infecções) pode ser entre sete e onze vezes mais alto do que o número oficial de casos diagnosticados e notificados.

Evidentemente, essa altíssima quantidade de vítimas fatais verificada pelo Brasil durante a pandemia reflete fatores que transcendem a administração bolsonarista. A ausência de saneamento básico para mais de cem milhões de brasileiros, o baixo Índice de Desenvolvimento Humano (IDH) e a concentração de capital e de renda exacerbada que vigora no Brasil são, inquestionavelmente, aspectos históricos e socioculturais que foram preponderantes para que o país se tornasse a nação mais atingida pela covid-19 em todo o Hemisfério Sul. Contudo, a atuação do governo de Jair Bolsonaro é o outro ponto nevrálgico para explicar o agravamento da crise sanitária por aqui.

UOL, 31 de dezembro de 2020.

24
FREIXO: "UM TERÇO DO RIO É CONTROLADO PELAS MILÍCIAS"

É notória, no Brasil deste começo de 2021, a intensificação da militarização e da milicianização da nossa política institucional. Quando falamos em militarização, estamos nos referindo à crescente participação de delegados, policiais, cabos, bombeiros e militares na arena político-institucional, o que é perfeitamente constitucional e expressa certos anseios da população no que tange a segurança pública.

Já a expressão milicianização remete à também crescente presença de grupos paramilitares e do aparelhamento de estruturas de Estado (como nos evidentes casos da Abin e da Polícia Federal, por exemplo), configurando o cometimento de diversos crimes previstos na lei brasileira. A militarização e a milicianização da política nacional têm correlações diretas com os símbolos usados pelo bolsonarismo para ascender ao poder. Retratando armas com as mãos, Jair Bolsonaro sempre atuou no sentido de avançar a narrativa antissistêmica para desacreditar a democracia e utilizar da força para governar sem as restrições republicanas.

Em 2022, a perspectiva é de que o bolsonarismo possa utilizar esses elementos que vêm sendo estimulados ao longo dos últimos anos para tentar judicializar o pleito, caso a derrota nas eleições presidenciais seja iminente. Movimentos neste sentido têm sido previamente anunciados, considerando o exemplo norte-americano de Donald Trump, grande inspiração do presidente brasileiro, ou mesmo as infundadas declarações de fraude eleitoral que marcam a trajetória de Jair Bolsonaro, tanto enquanto deputado como, atualmente, enquanto presidente.

Diante desse cenário, o blog conversou com o deputado federal Marcelo Freixo (PSOL-RJ), que falou sobre os desafios deste ano de 2021, com destaque para a necessidade de refundar a cidade do Rio de Janeiro, visando combater a expansão do poder paralelo no estado que serviu de laboratório para a ascensão do bolsonarismo ao âmbito federal. Na opinião dele, os atores democráticos das últimas décadas não trataram com a devida seriedade o tema da segurança pública.

"Tanto a militarização quanto a milicianização da política acontecem com base na promessa do estabelecimento da ordem. (...) Nesse sentido, o debate da segurança pública é extremamente importante para a democracia e eu trabalho com isso há mais de trinta anos. Eu trabalhei dentro das prisões, com pesquisas sobre o efeito da insegurança pública, da violência letal etc. (...) A gente vive um processo democrático no qual esse tema não foi levado a sério", introduz o deputado.

"Apesar de todas as conquistas", prossegue Freixo, "a Constituição de 1988 não avançou em segurança pública e não fez o debate que deveria ser feito nessa área. Em parte, porque a esquerda brasileira demorou muito para discutir essa pauta como tema vital para a democracia brasileira. O setor mais à direta da política nacional apropriou-se do debate da segurança dialogando com o medo da sociedade e apelando para algo que não é eficaz. (...) O Bolsonaro fala de segurança, mas qual foi a boa proposta que ele fez? Nenhuma. Nós fizemos a CPI das milícias, a CPI do tráfico de armas e munições, ações concretas. Ele dialoga com o medo, com o ódio, a violência e a insegurança. De alguma maneira, isso traz essa resposta da população. Então, há um número enorme de soldados, cabos e policiais eleitos. Na Comissão de Segurança (do Rio de Janeiro) existem muitos. Contudo, isso é um momento que reflete essa crise da democracia que estamos vivendo e essa incapacidade de tratarmos esse tema de forma mais adequada".

Apesar de ambas (a militarização e a milicianização) prometerem "organizar a casa e conservar os valores tradicionais", a filosofia militar é organizada com base em disciplina, hierarquia e rigidez, enquanto a proposta miliciana baseia-se na intimidação, na coerção e na violência.

"Eu investiguei muito as milícias cariocas. A CPI das milícias prendeu todos os grandes milicianos do Rio de Janeiro em 2008. Foi uma CPI que trouxe resultados concretos. (...) O Bolsonaro tem relação e sempre defendeu a legalização das milícias, o que é inacreditável. Ele nunca sequer contestou esse fato. (...) A milícia surge falando em ordem e contra o tráfico de drogas, afirmando que naquele território existe lei. O que eles não dizem é que essa é uma lei feita por eles para extorquir a população. Um estado leiloado", explica Freixo.

"A milícia tem um lado de militarização por meio do seu discurso de ordem, que se perde completamente a partir do momento que começam as extorsões e os assassinatos. Existe tráfico de drogas na milícia hoje, monopólio de gás, internet etc. Ainda hoje, a milícia funciona como a máfia: de um lado tem o seu braço de assistência social, porque todo dono de milícia também tem um centro social, e do outro tem o terror. Sempre falando de ordem e, de alguma maneira, ocupando o papel que caberia ao Estado", prossegue o parlamentar, que foi o único deputado eleito pelo PSOL em 2006 e era praticamente o único quadro de oposição naquela ocasião.

"Vários milicianos haviam sido eleitos para a Assembleia Legislativa do Rio de Janeiro e eu perdi o meu irmão, que foi assassinado pela milícia também naquele ano. Então, isso tudo foi um processo muito difícil para mim: minha família estava destroçada pela ação da milícia e estávamos sozinhos na oposição ao governo do (Sérgio) Cabral. A nossa primeira iniciativa foi propor a CPI das milícias, porque eu precisava ter dignidade com a minha própria história. Esse primeiro mandato foi muito forte. Aprovamos essa CPI, fizemos um relatório muito duro e atuamos junto à sociedade civil. Ao todo, até aqui foram três CPIs durante três mandatos: das milícias, do auto de resistência e do tráfico de armas e munições. Implementamos diversas leis e eu presidi a Comissão de Direitos Humanos. Foram três mandatos muito intensos", relembra Freixo.

Para ele, "o Rio de Janeiro tem que ser refundado. Por exemplo, o (Bruno) Covas foi eleito e vai governar São Paulo. No Rio, o Eduardo (Paes) vai governar somente uma parte da cidade. Existe uma região grande na qual o que o prefeito determinar não vai valer, porque quem manda é a milícia e o tráfico. Um em cada três cariocas vive em áreas onde quem define as regras não é o Estado. Um terço da cidade é controlado pelas milícias. O Rio tem uma situação que é muito dramática, muito grave".

"Eu vou propor um seminário, já estou falando com a Assembleia Legislativa, com o Ministério Público, várias instituições, para discutirmos esse processo de como podemos refundar as nossas instituições e a cidade para enfrentarmos o crime organizado, a milícia e o tráfico. Trata-se de devolver os territórios às pessoas para resgatar a dignidade do local no qual elas moram, dormem, acordam, saem para trabalhar e criam os filhos. (...)

O Rio tem hoje um domínio do crime que nenhuma outra cidade tem. Temos que ter responsabilidade nesse sentido", pondera o deputado.

Para enfrentar as milícias, Freixo sugere uma estratégia inteligente e elaborada. "A milícia é uma máfia, então não podemos enfrentá-la somente com as prisões. É importante prender os líderes. Eles foram presos durante a CPI das milícias. Foram mais de 240 prisões imediatas. Basicamente todos os líderes foram presos e ainda assim a milícia cresceu. Então, precisamos retirar da milícia os poderes territorial e econômico. A milícia domina, por exemplo, o transporte que é chamado de 'alternativo' no Rio. Na verdade, em muitos lugares esses são os únicos meios de transporte público disponíveis. (…) Ter uma política de transporte que atenda as pessoas e retire da milícia o controle das vans e a extorsão que eles fazem sobre os motoristas. Isso é fundamental e envolve a Prefeitura", observa o parlamentar.

A regularização fundiária é outro aspecto essencial para combater as milícias, de acordo com ele. "Além disso, precisamos criar um setor de inteligência sólido para apontar quais setores das forças públicas estão de fato envolvidos com as milícias. A milícia e o tráfico são organizações que precisam ser enfrentadas, mas cada uma tem as suas próprias peculiaridades, o que requer estratégias distintas de combate. O tráfico faz oposição ao Estado, enquanto a milícia atua dentro da própria institucionalidade. São naturezas distintas de grupos criminosos. Apesar disso, em todos os casos é necessário cortar os recursos, seguir a rota do dinheiro. Essas propostas estão todas no relatório da CPI das milícias desde 2008. Precisar haver vontade política", enfatiza o deputado.

"O Bolsonaro responde por uma democracia totalitária. Para ele, a vontade da maioria deve prevalecer para se tornar o todo (…). Ou seja, não existe o respeito pela beleza da diversidade. Além disso, ele é intimamente relacionado com a milícia e a corrupção. É um criminoso. Sempre foi. Eles (os Bolsonaro) são uma quadrilha e defendem a milícia porque se beneficiam desses esquemas", garante Freixo, que também defende a unidade do campo progressista para combater a milicianização da política e a possível tentativa do bolsonarismo de encerrar definitivamente o que resta da combalida democracia brasileira em 2022.

"Eu conversei com o Ciro (Gomes) essa semana, eu converso com o PT todos os dias. (…) Precisamos de uma frente que seja elaborada com base em um programa que seja capaz de dizer como vamos desenvolver o nosso país, endereçar a questão climática, lidar com a saúde, a educação e a segurança (pública). Esse programa precisa das melhores pessoas. (...) Eu sempre defendo a unidade da esquerda, mesmo quando o PSOL discorda nesse sentido. Combater a alucinação bolsonarista e defender a democracia brasileira deve ser a prioridade nesse momento", conclui Freixo.

UOL, 6 de janeiro de 2021.

25
PASTERNAK: "PESQUISADORES NÃO PODEM ASSISTIR CALADOS AO QUE ACONTECE"

Embora sejam muito mais populosos do que Brasil e Estados Unidos, China e Índia registraram números inferiores de mortes decorrentes da pandemia. Por quê? Na tarefa de compreender a realidade brasileira, há inúmeros fatores sociais, históricos e culturais a serem considerados. Mas há um aspecto crucial que une Brasil e EUA nessa equação macabra: os negacionismos genocidas avançados pelas administrações Bolsonaro e Trump.

Para refletir sobre os estragos causados pelo bolsonarismo na forma como as comunidades médica e científica do Brasil se organizaram no combate à covid-19, o blog entrevistou Natalia Pasternak, microbiologista e divulgadora científica.

"A gestão bolsonarista simplesmente negou que o problema sequer existia e optou por não conduzir o Brasil durante a pandemia. Essa postura negacionista foi adotada desde o início da crise sanitária pelo próprio presidente da República e pelo governo federal. (...) As falas de Jair Bolsonaro são absolutamente anticientíficas e demonstram a total falta de conhecimento sobre como a ciência funciona. (...) Todo o esforço que é feito no sentido de esclarecer os brasileiros, o presidente joga pela janela", avalia Pasternak, que é presidenta do Instituto Questão de Ciência (IQC) e foi a primeira brasileira a integrar o Committee for Skeptical Inquiry (Comitê para a Investigação Cética), comitê fundado nos anos 1970 por nomes como o astrônomo Carl Sagan e que propõe a investigação crítica de alegações pseudocientíficas a partir de um ponto de vista científico responsável.

Para ela, a ascensão do bolsonarismo afetou a pesquisa e a ciência no Brasil de forma sem precedentes. "O desmonte da pesquisa e do campo científico nunca foi tão intenso quanto no governo Bolsonaro, mas ele já existia antes. A falta do investimento em ciência não surgiu na administração bolsonarista. (…) Contudo, nunca houve um governo que se posicionou tão notoriamente contra a ciência e a educação como essa gestão atual, o que representa um problema enorme, porque são as universidades que desenvolvem as soluções, novas tecnologias e que vêm trabalhando na questão da própria vacina contra a doença, em testes de diagnósticos, esse tipo de 'balbúrdia', por exemplo. O bolsonarismo combateu a atuação das comunidades médica e científica com muita ênfase no Brasil durante a pandemia. Basta ver que o ministro de Ciência e Tecnologia (Marcos Pontes) não entende absolutamente nada sobre o tema da pasta e desperdiça R$ 11 milhões com o teste clínico de um remédio para fazer populismo", afirma a microbiologista.

Com direito a ampla divulgação pelo governo e cerimônia com presença do presidente Jair Bolsonaro, o antiparasitário Nitazoxanida, vendido no Brasil sob a marca Annita, foi apresentado, na terceira semana de outubro de 2020, no Palácio do Planalto, como um tratamento promissor para a covid-19 no início da infecção. Esse recurso, nas mãos de uma instituição séria, como o Laboratório de Desenvolvimento de Vacinas da Universidade de São Paulo, no qual Pasternak atua, seria utilizado de uma forma infinitamente mais produtiva, garante a pesquisadora.

"Nós conseguimos o aporte de R$ 1 milhão do Conselho Nacional de Desenvolvimento Científico e Tecnológico (CNPq) para desenvolver três tipos de vacinas diferentes contra a covid-19. Onze vezes menos para trabalhar as vacinas contra um remédio que todos sabiam que não tinha plausibilidade biológica nenhuma para funcionar. Trata-se de um governo extremamente populista que se utiliza de pseudociência para se promover a qualquer custo", ressalta Pasternak. Sem qualquer dimensão de responsabilidade ou prioridade, o bolsonarismo não somente deixou de investir em todas as vacinas disponíveis contra a doença, mas ainda atacou a Coronavac reiteradamente, desqualificando o imunizante e incutindo medo na população brasileira.

"A recusa de Jair Bolsonaro em aceitar e muitas vezes até atacar deliberadamente a Coronavac prejudicou o plano vacinal brasileiro. Os ataques do presidente podem não ter afetado propriamente o desenvolvimento da vacina, que foi feito por uma multinacional chinesa em parceria com instituições brasileiras, mas comprometeu muito a imagem da Coronavac junto à opinião pública. Basta ver a última pesquisa apresentada pelo Datafolha, que demonstrou que 22% dos brasileiros sentem medo de tomar qualquer vacina contra a covid-19 – número que já é muito alto para uma população que sempre foi extremamente favorável ao uso das vacinas – e 50% afirmam que têm receio especificamente da Coronavac", pondera a cientista, que destaca a segurança e a eficácia da vacina.

Para ela, a Coronavac "é eficaz e extremamente segura, porque passou muito bem por todos os testes clínicos e foi testada em milhares de pessoas, que foram acompanhadas para a verificação de possíveis reações relacionadas ao uso da própria vacina. Os efeitos colaterais são mínimos, o que é normal considerando que as vacinas elaboradas com base no vírus inativo são muito seguras, geralmente. Trata-se de uma tecnologia simples, que cultiva o vírus inativo, por meio de produtos químicos ou do calor, para que o organismo da pessoa possa desenvolver respostas imunológicas de defesa sem correr o risco de adoecer. (…) Assim são feitas as vacinas contra a gripe e a raiva, por exemplo. É uma tecnologia consolidada, que o Instituto Butantan domina, sabe fazer e é muito confiável".

No que diz respeito às novas cepas, como a de Manaus, por exemplo, Natalia acredita que as vacinas deverão ser eficazes contra as mutações. "Temos poucas informações consolidadas até esse ponto, mas existem estudos epidemiológicos que sugerem que essas linhagens (do vírus) são mais contagiosas. Não sabemos se elas são mais virulentas e agressivas, mas, com certeza, elas parecem ter alguma vantagem na transmissão e isso é esperado quando você tem um vírus circulando livremente em bilhões de pessoas no planeta. Isso acontece porque qualquer vantagem que uma linhagem tenha sobre a outra acaba sendo determinante para que ela prevaleça. (…) Foi o que aconteceu no começo de 2020, quando a D614G, que era uma linhagem que tinha uma mutação na proteína S, tornou-se prevalente no mundo inteiro. Precisamos de ensaios bioquímicos para determinar com certeza se essas novas cepas são mais letais. Isso não depende somente dos estudos epidemiológicos", esclarece.

"Sobre o escape da vacina", prossegue ela, "que é a maior preocupação nesse sentido, os primeiros estudos realizados parecem indicar que as novas cepas não são resistentes às vacinas que nós temos. Houve um trabalho que demonstrou o escape de um anticorpo monoclonal, o que é algo mais específico do que as vacinas. Então, as vacinas deverão dar conta desses mutantes, mas isso também precisa ser testado em laboratório. Uma vacina de vírus inativo, como a Coronavac, por exemplo, tem vantagem de lidar com múltiplos pontos considerando o enfrentamento ao vírus, enquanto as vacinas de vetor ou RNA miram um único alvo, que é a proteína S (proteína da Spike). Com a Coronavac, o alvo é todo o vírus, porque ele está inteiro inativo. Então, caso haja uma mutação na Spike, isso não faz muita diferença para essa vacina, porque ela tem outras partes para atingir. Pode fazer diferença para os outros imunizantes, caso essas mutações sejam muito significativas e alterem muito a estrutura da proteína".

Contudo, as vacinas genéticas e de adenovírus são muito versáteis. É rápido e fácil trocar a sequência genéticas que elas carregam, de acordo com a microbiologista. "Caso surja uma mutação que demande a atualização dessas vacinas, esse processo deverá acontecer em questão de semanas agora. Existem plataformas que conseguimos atualizar rapidamente caso apareça um vírus mutante muito diferente", complementa.

No momento em que entidades como o Conselho Federal de Medicina evitam posicionar-se contra a desinformação promovida pelo Planalto, Pasternak aponta para a necessidade de os pesquisadores participarem da política e estabelecerem pontes com a sociedade. "Os pesquisadores e cientistas não podem ficar calados e achar que as coisas serão resolvidas sem a nossa interferência. É preciso lidar com política. Precisamos nos preparar para isso e estarmos aptos a conversar com a sociedade, com o governo, com o setor industrial. Não podemos nos omitir, porque a ciência não pode ficar restrita aos laboratórios. Precisamos investir em cientistas que façam essa ponte, essa interface com membros do governo, o Parlamento, as empresas e a população".

UOL, 29 de janeiro de 2021.

26
MUITO ALÉM DE LULA, GUERRAS JURÍDICAS AMEAÇAM SOBERANIA BRASILEIRA

Em artigo prévio e com base no trabalho do sociólogo português Boaventura de Sousa Santos, foi enfatizado nessa coluna que, ao admitir a influência externa dos Estados Unidos, a Operação Lava Jato distinguiu-se, fundamentalmente, de outros casos clássicos de ativismo judicial já registrados no Brasil.

Conforme se tornou evidente após surgirem as conversas dos promotores e do ex-juiz Sergio Moro detalhando a sordidez e a falta de escrúpulo jurídico da Lava Jato, instituições estadunidenses se envolveram diretamente no sentido de cooptar, treinar, instruir e oferecer dados secretos (obtidos por meio dos gigantes da tecnologia) a agentes do Estado brasileiro para que estes cometessem atos de sedição, influenciando os rumos das searas econômica e geopolítica do Brasil em detrimento do próprio país e a favor dos interesses estadunidenses.

Em entrevista à coluna, Rafael Valim, jurista, professor e coautor do livro "Lawfare: uma introdução" (Contracorrente), apontou três dimensões estratégicas fundamentais das guerras jurídicas: (1) a geografia, (2) o armamento e (3) as externalidades, cada qual com as suas táticas correspondentes. Como em qualquer conflito - e as guerras jurídicas são contíguas às guerras híbridas, aos Estados de exceção e ao ativismo judicial como uma evolução das guerras tradicionais -, dominar o terreno no qual a batalha se desenrolará é um ponto nevrálgico para conquistar a vitória.

A dimensão seguinte, que diz respeito ao armamento usado nas guerras jurídicas, tem como destaque o Foreign Corruption Practices Act (FCPA), a atuação da Comissão de Valores Mobiliários dos Estados Unidos (SEC) e do Tribunal de Vigilância de Inteligência Estrangeira dos Estados Unidos, por exemplo, invocando exatamente a narrativa que foi usada no Brasil ao longo dos últimos anos: o combate à corrupção.

"Desde 2016, ano denominado como a Era de Ouro do FCPA, dezenas de empresas - algumas delas brasileiras - formalizaram acordos com o Departamento de Justiça dos Estados Unidos e/ou com a SEC (Comissão de Valores Mobiliários dos Estados Unidos) em consequência de operações de enforcement [aplicação da lei] do FCPA", explica Valim. Ou seja, existem, atualmente, instituições e instrumentos que são usados em verdadeiras guerras jurídicas como armamento para conferir aos Estados Unidos um poder extraterritorial de controle sobre empresas, Estados e cidadãos de outros países. Ontem foi o Lula, amanhã pode ser você ou a sua empresa.

A terceira e última dimensão estratégica do lawfare trata das "externalidades": a participação da mídia em determinado processo, guerra de informações, operações psicológicas etc. Evidentemente, não se faz necessário ser doutor em semiótica para perceber como as atuações de alguns dos principais grupos midiáticos do Brasil foram fundamentais para estabelecer a narrativa de que o "PT quebrou o Brasil" e do antipetismo. Sem dúvidas, essas falácias viabilizaram a inelegibilidade e a prisão do ex-presidente Lula, passos que, por etapas, também foram fundamentais à ascensão do bolsonarismo.

As táticas correspondentes à primeira dimensão estratégica, nesse contexto, tratam de escolher a jurisdição mais adequada para avançar determinado processo junto a magistrados que estejam inclinados a deliberar a favor do que se é pretendido, basicamente. Existem diferentes neologismos que foram cunhados para endereçar esses conceitos de forma mais clara e eficaz: forum shopping, libel tourism e as manipulações das regras de competência. O debate nominalista é necessário, pois boa parte do jogo jurídico se dá com base em interpretação de leis que estão escritas. As palavras importam - muito.

Considerando o armamento, explica Valim, os processos de lawfare atuam, geralmente, com "denúncias sem materialidade ou sem justa causa, excesso de prisões preventivas como forma de tortura para fins de delações premiadas, visando colaborações formais e informais de investigados e a utilização dessas delações para deslegitimar e aniquilar os inimigos, excesso de acusações em busca de acordos, o método das 'cenouras e do porrete', estados de exceção, entre outros instrumentos". Qualquer semelhança com a Lava Jato não é mera coincidência.

Relacionadas à terceira dimensão estratégica (externalidades) estão "a manipulação de pautas mobilizadoras para iniciar a perseguição ao inimigo, a promoção da desilusão popular por meio da influência da opinião pública e a utilização do Direito para fazer publicidade negativa contra determinado alvo". Recentemente, assisti, atônito, a um ministro da mais alta corte do Brasil dizer, ao vivo em um programa de televisão, que daria ali um "furo" de informação sobre determinado processo. Parece óbvio que um magistrado dessa envergadura deveria manifestar-se exclusivamente no âmbito do processo. No Brasil, contudo, esses métodos acarretaram o sentimento de "antissistema", o que desacreditou a política institucional e exacerbou conflitos de todas as ordens, em virtude da ausência do único processo mediador do caos social.

Portanto, o lawfare não está restrito ao caso Lula - o mais emblemático dos últimos anos - e estende-se a diferentes dimensões da vida nacional de forma a ameaçar todo o arranjo social brasileiro (e a democracia) no começo do século XXI. A imparcialidade do Poder Judiciário e dos seus processos é fundamental não somente para o ordenamento jurídico brasileiro, mas para toda a organização social que sustenta a composição da República. Sem a retidão dos juristas, resta o colapso social e o resultado, a essa altura, já é bem conhecido por boa parte da população.

Os magistrados brasileiros que prezam as suas respectivas biografias precisam encerrar, de uma vez por todas, as insanidades conduzidas pelo conluio jurídico-midiático que orquestrou a Lava Jato e punir os seus perpetradores. Muito mais do que um instrumento de responsabilização penal, a instauração de uma CPI para investigar as bases dessa arquitetura criminosa é, hoje, uma questão de soberania nacional.

UOL, 12 de março de 2021.

27
MORTICÍNIO DA PANDEMIA É REFLEXO DE GUERRA CONTRA O BRASIL

Em basicamente todas as nações ocidentais, uma pequena parte da população mantém seus privilégios políticos e econômicos e organiza os arranjos sociais com base em narrativas historicamente desenhadas para favorecê-la. Racismo estrutural, racismo cultural, racismo científico, viralatismo, misoginia, homofobia, transfobia, machismo, chauvinismo, dentre outros, são exemplos de termos que descrevem essas narrativas.

Nos últimos quinhentos anos, essas narrativas foram orquestradas para determinar que (primeiro os nativos do norte, depois) os povos do Hemisfério Sul eram desprovidos de racionalidade e inferiores moral e eticamente, o que significava que, para o seu próprio desenvolvimento, eles deveriam ser colonizados pelos europeus. Deveriam "encontrar o norte". Não é por acaso que o mapa mundi está organizado como você o conhece.

No meu primeiro livro, "A Ascensão do bolsonarismo no Brasil do Século XXI", eu utilizo o termo "elitismo histórico" para sumarizar todos esses conceitos e narrativas. Ou seja, conforme a minha interpretação, o elitismo histórico é uma força social historicamente constituída, presente na organização das sociedades humanas desde a Revolução Neolítica e que atua de forma a estruturar os arranjos sociais com base em um parâmetro elitista, que se manifesta de múltiplas maneiras de acordo com a época e a cultura em questão.

Assim, qualquer filosofia que se organize com base em parâmetros elitistas e excludentes, de forma a criar uma "hierarquia moral" e uma "gramática da desigualdade", pode ser enquadrada nessa categoria.

Em entrevista à coluna, o sociólogo Jessé Souza, ex-presidente do Ipea (Instituto de Pesquisa Econômica Aplicada) e autor dos livros "A Elite do Atraso" e "A classe média no espelho", dentre outros, explica que essas narrativas foram absolutamente fundamentais à ascensão do bolsonarismo no Brasil. Ele afirma que existe uma "elite do atraso" que vem se perpetuando de forma a escravizar o país e que, a partir de 2013, uniu-se aos Estados Unidos e "a uma organização criminosa para destruir o sonho brasileiro".

"Eu não me refiro aqui ao povo estadunidense", pondera Jessé, "mas às elites que comandam os rumos dos processos políticos e econômicos daquela nação", salienta. A guerra contra o Brasil é complexa e híbrida, no sentido de abranger o lawfare, estados de exceção, ativismos judiciais, dispositivos econômicos de coerção (embargos, restrições etc.), entre diversos outros instrumentos que sofisticaram a forma como as guerras tradicionais se desenrolavam nos séculos passados e os métodos que os impérios utilizavam para assegurar as suas respectivas hegemonias.

Conforme demonstrado nessa coluna em setembro de 2019, o elitismo histórico é o elemento central para refletirmos sobre por que a população brasileira, que alegadamente lutava contra a corrupção e se indignou com os diálogos entre Dilma e Lula, não se revoltou quando confrontada com provas cabais apresentadas pela Vaza Jato ou, mais recentemente, no caso das rachadinhas, documentado pelo UOL.

"Hoje, é fundamental cooptar as elites e a classe média de cada nação para fazer a manutenção do tipo de hegemonia moderna que vigora no Brasil", explica Jessé. Mas quem são as pessoas que formam a "elite" (política e econômica) e a "classe média" brasileira e por que essas parcelas da população são tão importantes para constituir o paradigma vigente no ideário coletivo?

A "elite" brasileira abrange um grupo restrito que varia entre 150 e 200 mil pessoas (que faturam algo em torno de R$ 188.925 e R$ 5 milhões) por mês e alguns pouquíssimos bilionários, segundo dados do Inequality World Report 2018. Em sua grande maioria, são cidadãos brancos, com ascendência europeia, que começaram suas carreiras profissionais após a conclusão do ensino superior e residentes nos metros quadrados mais caros do país. Apesar de ser extremamente forte nas searas econômica e política, esse grupo depende, diretamente, da "classe média" que vem abaixo para avançar as suas narrativas.

Nessa altura da pirâmide social (e da hierarquia moral, conforme mencionado), a "classe média brasileira", aqui entre aspas porque, de fato, o Brasil jamais consolidou uma classe média de forma mais ampla, compreende um grupo de cerca de 15 milhões de pessoas com rendas entre R$ 7.425 e R$ 36.762 mensais. Assim, caso você ganhe menos do que R$ 15 mil por mês, a sua posição aponta para a "classe média baixa", mas, certamente, a sua profissão e cosmovisão do mundo interessa imensamente às camadas de cima.

Essa é a importância da "classe média" brasileira considerando a guerra contra o Brasil à qual se refere Jessé Souza: além de operacionalizar (seguindo as determinações da elite) toda a infraestrutura jurídica e de comunicação social da nação, essa parcela serve de exemplo para os milhões de brasileiros que vivem lutando contra a miséria e almejam ingressar na "classe média", introjetando, consequentemente, as suas tramas simbólicas de ideias e valores.

O colapso social e o caos absoluto que o Brasil vivencia atualmente são tanto resultado da covid-19 quanto dessas narrativas sociais, culturais e históricas que vêm sendo avançadas ao longo dos últimos cinco séculos e que foram ainda mais agudizadas pela ascensão do bolsonarismo.

"Os Estados Unidos desenvolveram uma espécie de imperialismo informal, com o qual não é necessário invadir determinado país e ocupá-lo com forças militares, que foi (o método) clássico do colonialismo do século XIX, apesar de que Portugal, França e Espanha já cooptavam as elites dos locais que pretendiam dominar. Esse fator é extremamente importante para que essa classe atue contra o seu próprio povo. (...) Para a visão imperialista estadunidense, o Sul global não pode se desenvolver. Isso está entendido", conclui o sociólogo.

Na prática, isso significa que os países centrais do nosso atual arranjo geopolítico global (G7) e as grandes corporações (bancos e gigantes industriais transnacionais de várias verticais) utilizam essas novas formas de guerra para controlarem as moedas, o mercado e o fluxo de capital, as indústrias de alta tecnologia, a energia atômica, os principais veículos de imprensa (e o ideário popular), os assentos no Conselho de Segurança das Nações Unidas etc. Ou seja, para literalmente mandar no mundo, enquanto países como o Brasil, por exemplo, que têm um imenso arcabouço de recursos para desenvolver as suas potencialidades, ficam relegados a fornecer matéria-prima e produtos primários, o que gera um ciclo de dependência, miséria e submissão.

Fundamentalmente, esse controle é estabelecido por deliberação do povo dominado. Esse é o aspecto mais triste da guerra contra o Brasil: boa parte do nosso povo se entende submisso, avança essas narrativas internamente e pede para ser subjugado. Em inúmeras ocasiões, Bolsonaro reforçou esses parâmetros, verbalmente e sem qualquer pudor.

Há exatamente um ano, o presidente brasileiro disse: "Eu acho que não vai chegar a esse ponto (a situação brasileira em comparação a dos Estados Unidos considerando o número de mortes decorrentes da pandemia). Até porque o brasileiro tem que ser estudado. Ele não pega nada. Você vê o cara pulando em esgoto ali, sai, mergulha, tá certo? E não acontece nada com ele. Eu acho até que muita gente já foi infectada (pela covid-19) no Brasil, há poucas semanas ou meses, e ele já tem anticorpos que ajuda (sic) a não proliferar isso daí", afirmou.

Portanto, além de combater o vírus que provoca a covid-19, é preciso atacar o patógeno que celebra a ignorância e os elitismos históricos como formas de virtude organizacional, porque, ancorados nessas premissas, o empobrecimento subjetivo do Sul global e a racionalidade do neoliberalismo vêm devastando os países que se encontram na periferia e na semi-periferira da geopolítica mundial.

UOL, 27 de março de 2021.

28
BOLSONARO LEVA BRASIL AO PAROXISMO DA IGNORÂNCIA E DO CAOS

Somente nas últimas oito semanas, um bombeiro incendiou a sede de um jornal no interior de São Paulo (porque o veículo defendia medidas de isolamento social) e dois policiais militares tiveram surtos psicóticos, em Salvador e São Paulo, de forma a ameaçarem os cidadãos que eles deveriam proteger.

Ao praticarem os crimes, os três evocaram teorias conspiratórias avançadas pelo bolsonarismo, o que eleva as atuais ameaças da extrema direita à vida social brasileira a um nível jamais visto, se considerarmos, ainda, que civis também têm dado demonstrações de psicopatia, formalizando ameaças e invadindo instituições da República, enquanto o bolsonarismo segue estimulando o armamento da população.

Existem, fundamentalmente, algumas estradas pelas quais Bolsonaro vem conduzindo o país, no começo do século XXI, ao paroxismo da ignorância e do caos: a militarização, a milicianização, a evangelização e, consequentemente, a negação absoluta da política institucional brasileira.

Nesse ponto, faz-se necessária uma distinção entre os conceitos de militarização e milicianização da política, ambos muito presentes no Brasil atualmente: o primeiro, para os propósitos deste artigo, traduz o movimento de participação cada vez maior de delegados, policiais, cabos, bombeiros e militares em geral na política institucional do país, o que é perfeitamente constitucional e expressa certos anseios da população no que tange a segurança pública.

Já o segundo é sobre a também crescente presença de grupos paramilitares e estruturas ilegais, que atuam por meio da violência e coerção, o que oferece margem para eventos como os citados acima e caracteriza diversos crimes previstos na Lei brasileira.

Dados divulgados pelo Tribunal Superior Eleitoral (TSE) sobre os registros de candidaturas às prefeituras e às câmaras municipais em 2016 e em 2020 apontaram que o número de candidatos com títulos militares para as prefeituras no Brasil saltou de 53, em 2016, para 243, em 2020, aumento de mais de 300% e muito acima do acréscimo geral de candidatos, que foi de apenas 18%. A presença de militares em cargos comissionados no governo federal também explodiu entre os anos de 2013 e 2020.

Outro dado que indica um ambiente social mais tenso e a redução do debate público: até o fim de setembro de 2020, as mortes e agressões contra políticos somavam 112 vítimas, com execuções que foram realizadas até durante transmissões ao vivo via internet e centenas de casos de intimidação. Somente na última semana de janeiro deste ano, quatro parlamentares do PSOL sofreram ameaças e atentados na cidade de São Paulo e em outras partes do país.

As residências das covereadoras Samara Sosthenes e Carolina Iara foram atingidas por disparos de arma de fogo e, felizmente, ninguém foi ferida. A vereadora de São Paulo Erika Hilton registrou um boletim de ocorrência após ser ameaçada, em seu próprio gabinete, por um homem que portava uma bandeira e máscara com símbolos cristãos. Taís Lane dos Santos, que foi candidata a vereadora nas eleições municipais de 2020, foi agredida física e verbalmente por um sargento da Polícia Militar em Rio Largo, Alagoas, o que denota os mesmos métodos utilizados pelas milícias cariocas e máfias em geral.

Em dezembro de 2020, reportagem da Pública revelou um escândalo na Agência Brasileira de Inteligência (Abin), destacando que pelo menos quinze servidores da agência haviam sido colocados em ministérios como o da Economia, Infraestrutura, Saúde e Casa Civil, por exemplo. Fontes internas afirmaram que havia centenas de agentes espalhados pelos ministérios da gestão bolsonarista e que Alexandre Ramagem, então diretor da Abin, haveria declarado abertamente que a intenção era criar uma estrutura semelhante ao que foi a Comissão Geral de Investigação (CGI), durante a ditadura militar no Brasil.

Além disso, o número de inquéritos abertos na Polícia Federal com base na Lei de Segurança Nacional, portaria que foi criada na ditadura militar, vem aumentando nos últimos anos. Foram dezenove, em 2018, vinte e seis, em 2019, e cinquenta e um, em 2020. Aumento de quase 270% em dois anos.

A ausência do debate, a falta de pluralidade e a promessa de ordem são características tanto das organizações militares legais como dos grupos milicianos e das estruturas aparelhadas ou totalmente paralelas ao Estado. Trata-se de um traço muito característico do próprio bolsonarismo.

A filosofia militar é organizada com base em disciplina, hierarquia e rigidez, enquanto a proposta miliciana baseia-se na intimidação, na coerção e na violência. Ambas, contudo, prometem impor a ordem de forma enérgica e vigoram em ambientes nos quais a troca de ideias, os recursos básicos de infraestrutura social (saúde, moradia, alimentação, educação, lazer e segurança, principalmente) e a diversidade foram reduzidas ou anuladas, o que também fortalece a posição do dogma religioso no cerne da vida social brasileira.

Conforme eu abordo no livro "A ascensão do bolsonarismo no Brasil do Século XXI", o dogma religioso, mais precisamente considerando a notória adesão de diferentes correntes e grupos evangélicos, foi fundamental à eleição de Jair Bolsonaro em outubro de 2018.

Desde então, o processo de expansão desses grupos evangélicos em todas as dimensões da vida social, política e econômica foi ainda mais catalisado. Alguns pontos centrais ajudam a refletir sobre esta inflexão: a hierarquia, a multiplicação celular e a facilidade de ascensão social presentes na proposta neoevangelista como ela está organizada no país em 2021.

Evidentemente, as organizações hierárquicas das igrejas evangélicas variam de acordo com cada grupo e ramificação histórica. Em linhas gerais, contudo, existe uma estrutura rígida, determinada por ordem de importância: apóstolo, bispo, pastor, presbítero, ministro, coordenadores e líderes de células, obreiros e fiéis.

Apesar das primeiras posições desta pirâmide serem ocupadas, invariavelmente, pelas figuras centrais de cada movimento, e de oferecerem poucas possibilidades de mobilidade sucessória, os cargos inferiores do arranjo podem ser acessados com muito mais facilidade, o que potencializa o caráter de multiplicação celular dos grupos.

No Brasil, a Igreja Católica, por exemplo, reúne os seus seguidores somente dentro das igrejas. Os padres são eclesiásticos, com formação em teologia e que falam uma linguagem cada vez mais distante da população em geral. Na igreja evangélica, qualquer cidadão pode se tornar um líder de célula em questão de meses após o ingresso na entidade. Esse novo membro, que na maioria dos casos não precisa de nenhuma formação prévia, passa a reunir a comunidade dentro da sua própria casa e promove a multiplicação desta célula como orientação formal de desenvolvimento da doutrina.

Soma-se à equação o fato de que o televangelismo é muito mais um fenômeno da comunicação social de massa, político e econômico do que de caráter religioso, propriamente. Todos os principais pastores evangélicos que promoveram a ascensão do bolsonarismo em 2018 transmitem as suas ideias por meio da televisão aberta e da internet. Alguns são proprietários de veículos de comunicação hegemônicos e figuram na lista de bilionários da revista Forbes.

Assim, nenhuma outra área da atuação social brasileira oferece uma oportunidade tão rápida, segura e promissora como projeto de vida, principalmente nas regiões mais pobres do país, nas quais o Estado é totalmente ausente. Além disso, as igrejas são isentas de impostos, arrecadam os dízimos por deliberação dos fiéis que as pagam, e são capazes de estabelecer, sem nenhuma forma de contestação ou abertura ao debate, as narrativas sociopolíticas que mais lhes interessam em determinada ocasião.

Por esses motivos, diversos estudos projetam que o Brasil poderá se tornar um país de maioria evangélica ainda nessa década, organizado de forma cada vez mais homogênea e intolerante com a diversidade do seu próprio povo, principalmente considerando a forma como essas filosofias rechaçam a participação da comunidade LGBTQIA+, mulheres, pretos e pardos nos espaços de poder.

Portanto, conforme já abordado nesta coluna, na tentativa de evitar a derrota eleitoral que vem se desenhando para 2022, o bolsonarismo leva a cabo o seu projeto de destruição, ancorado na celebração do caos e da ignorância como virtudes para inviabilizar o debate.

Isso representa a transformação da política na guerra e no conflito sem mediação, jogando o país numa tempestade perfeita em tempos de pandemia. Não há limites para esta máquina de destruição bolsonarista, de maneira que impedi-la imediatamente pelas vias constitucionais é tarefa urgente para os brasileiros.

UOL, 19 de abril de 2021.

29
DILMA: "IMPEACHMENT ACONTECEU PORQUE TRAVAMOS AGENDA NEOLIBERAL"

Conforme demonstrado em artigo prévio publicado nessa coluna, a prática do lawfare (guerras jurídicas), de acordo com a definição dos juristas Cristiano Zanin, Valeska Martins e Rafael Valim, autores do livro Lawfare: uma introdução (Contracorrente), é compreendida como "o uso estratégico do direito para fins de deslegitimar, prejudicar ou aniquilar um inimigo".

O inimigo, nesse caso, podem ser empresas, estados, figuras públicas, líderes políticos (de esquerda, centro ou de direita) ou qualquer pessoa que eventualmente se atreva a contrariar os interesses dos atores que empreendem a guerra jurídica em certa ocasião e de dois grupos fundamentais para a condução deste tipo de iniciativa: o Judiciário e grupos midiáticos.

Esta semana, a coluna conversou com duas figuras históricas que, apesar de serem suscetíveis a erros e críticas como qualquer outro indivíduo, ousaram contrariar os paradigmas vigentes nos seus respectivos contextos sociopolíticos domésticos: José Sócrates Carvalho Pinto de Sousa, político português que foi secretário-geral do Partido Socialista (2004-11) e primeiro-ministro de Portugal (2005-11), e Dilma Rousseff, primeira presidenta do Brasil eleita e reeleita democraticamente (2010 e 2014).

Apesar de terem enfrentado casos específicos com as suas próprias idiossincrasias, Dilma e Sócrates sentiram de forma muito enfática o peso do arbítrio e da deletéria combinação que o conluio jurídico-midiático orquestrado pelas guerras jurídicas acarreta aos seus alvos, invariavelmente.

Em setembro de 2014, Sócrates foi preso em um espetáculo midiático no Aeroporto de Lisboa. Apesar de estar voltando para Portugal (a partir da

França), ele foi detido "preventivamente" sob o argumento de que poderia fugir do país. O político acabou preso em frente às câmeras de televisão sem que nenhuma denúncia formal houvesse sido sequer apresentada até aquela ocasião.

Ainda assim, investigado por fraude fiscal, lavagem de dinheiro e corrupção, Sócrates foi detido e ficou mais de 11 meses preso, quando começou a redigir parte do livro "Só Agora Começou" (Contracorrente), que conta essa experiência e foi lançado no mês passado no Brasil. Recentemente, o político foi absolvido de todas as acusações de corrupção considerando a fragilidade e a flagrante violação do processo jurídico que o condenou, sem quaisquer provas materiais, via imprensa.

Nesse caso, a ordem de prisão foi expedida por Carlos Alexandre, do Tribunal Central de Instrução Criminal de Lisboa, juiz responsável pela chamada Operação Marquês, a Lava Jato lusitana (dadas as devidas peculiaridades, conforme mencionado). Conhecido por sua estreita relação com o Ministério Público local, o magistrado ganhou a atenção da mídia e foi rotulado como o "grande combatente da corrupção". Soa familiar?

"O objetivo claro da Operação Marquês era aniquilar a minha imagem pública e me remover da política institucional portuguesa a qualquer custo", afirma Sócrates, que, apesar de identificar diversas similaridades entre a Lava Jato e a sua irmã portuguesa, também salienta pontos divergentes: no caso da operação brasileira, por exemplo, houve o comprovado elemento da ingerência estadunidense em colaboração com o ex-ministro bolsonarista, Sérgio Moro, e membros do Ministério Público Federal, liderados por Deltan Dallagnol.

Esse é o aspecto que agrava (ainda mais) a condição da Operação Lava Jato. No caso português, ao que tudo indica, elites internas disputaram o poder por meio da guerra jurídica. No Brasil, essas elites foram cooptadas por forças internacionais para destruir a economia brasileira (principalmente as empreiteiras e empresas da construção naval que competiam no mercado global) e manter os rumos sociopolíticos do país a serviço do projeto neoliberal moderno, que foi sucessivamente rejeitado nas urnas durante as quatro primeiras eleições presidenciais brasileiras que foram realizadas no século XXI.

"O golpe (de 2016) foi dado por razões muito concretas, porque a gente não deixaria passar a lei de Teto de Gastos, que constitucionalizou a austeridade, a retirada do povo do orçamento e da cidadania do voto. (...) O Teto dos Gastos é a garantia de que qualquer grupo político que ascenda ao poder no Brasil estará automaticamente submisso ao projeto neoliberal. Jamais deixaríamos passar medidas como a independência do Banco Central, o esquartejamento planejado da Petrobras, a reforma trabalhista que criou condições precárias de trabalho, trabalho intermitente etc. Ou seja, o golpe aconteceu porque nós travamos a agenda neoliberal", afirma Dilma.

Essa agenda é internacional e vem sendo avançada por um projeto geopolítico global que pretende manter o Brasil como produtor e exportador de produtos primários, a serviço do capital financeiro e dos interesses das elites empresariais e midiáticas nacionais. Por exemplo, segundo dados do GISMAPS, entre os anos de 2004 e 2015, dos 5.570 municípios brasileiros, apenas 33 não produziram cabeças de gado. Esses poucos locais são cidades litorâneas, pantanosas ou asfaltadas. "O agro é pop" e está nos principais canais da televisão aberta brasileira, enquanto os índices de desemprego, violência, fome e todo o tipo de erosão social avançam em escala geométrica internamente.

Não por acaso, algumas dessas medidas, que foram introduzidas pela administração Temer, foram severamente aprofundadas no governo Bolsonaro, que agora, na iminência das complicações futuras que serão certamente produzidas pela CPI da Covid e pelo fantasma do impeachment ou da derrota em 2022, se utiliza de alguns dos seus membros mais reacionários para aplaudir a destituição de cortes constitucionais em outros países da América Latina, como no caso de El Salvador.

"O (Barack) Obama me prometeu (em 2013) que ele levantaria o que tinha acontecido para evitar processos similares de espionagem no futuro e que ele me responderia direitinho uma semana depois. Após uma semana, ele me ligou e disse que não conseguiria fazer isso. Passa-se um tempo, talvez um mês ou dois, acontece uma reunião da Assembleia Geral da ONU, quando o Sr. (Bill) Clinton solicitou um encontro paralelo conosco e me informou, extraoficialmente, que eles não poderiam responder as minhas duas questões, que eram sobre o que havia sido espionado e que eles se retratassem publicamente com um pedido de desculpa, porque eles não sabiam exatamente o conteúdo que o Edward (Snowden) possuía naquela época. O pedido público de desculpa veio em outro contexto, quando eles abriram uma investigação e lamentaram o ocorrido. Mas, sobre todas as informações que foram grampeadas, eles disseram que não poderiam informar precisamente, porque, segundo o próprio ex-presidente Clinton, eles tinham perdido o controle por conta de terem terceirizado parte dos serviços de inteligência da NSA para o setor privado", relembra Dilma, que escreveu o prefácio do livro apresentado por José Sócrates.

Um ano depois, teve início no Brasil o maior processo de lawfare da história do país, a Operação Lava Jato. Diversos líderes progressistas da América Latina enfrentaram processos similares ao longo dos últimos anos: Zelaya, em Honduras, Lugo, no Paraguai, Evo, na Bolívia, Cristina, na Argentina, Corrêa, no Equador, entre outros.

Fundamentalmente, a diferença entre as operações Marquês e Lava Jato foi a interferência de instituições estadunidenses, uma vez que, na Europa, é muito mais difícil cooptar as elites internas para avançar interesses estrangeiros do que no Brasil.

O resto é história que, infelizmente, tende a se repetir a menos que a população brasileira consiga se defender contra as guerras jurídicas que são praticadas em diferentes regiões e dimensões da geopolítica global. Somente assim poderemos dizer que o jogo genuinamente começou para o projeto de desenvolvimento nacional do Brasil.

UOL, 4 de maio de 2021.

30
BOLSONARO CONDENA BRASIL A SER PAÍS SEM LEI EM DÉCADA PERDIDA

Longe de ser uma construção "esquerdista", como quer o bolsonarismo, o Estado Democrático de Direito como o conhecemos atualmente é uma construção social secular, cultural e histórica que vem sendo lapidada para dirimir conflitos e possibilitar a coexistência pacífica dentro e entre as nações.

A arquitetura basilar dos estados modernos como a conhecemos surge, de forma ainda incipiente, na Europa, entre os séculos XV e XVII. Com base na longa e violenta crise do feudalismo que precedeu esse período, surge uma nova forma de sociabilidade para organizar os arranjos sociopolíticos e as relações de trabalho e (re)produção do capital.

Em 1648, a Paz de Vestfália sela dois tratados de paz nas cidades alemãs de Münster e Osnabrück para colocar fim à Guerra dos Trinta Anos, que durou entre 1618 e 1648. Onze anos depois, o Tratado dos Pirenéus encerraria o conflito entre a França e a Espanha para determinar o início das elaborações dos princípios que caracterizariam os estados modernos até os dias atuais, tais como a tripartição dos poderes, a soberania e a igualdade jurídica entre os estados (teoricamente, pelo menos), a territorialidade determinada, a não intervenção, o respeito às liberdades civis etc.

Nos séculos seguintes, as constituições modernas foram paulatinamente aprimoradas para garantir um sistema de freios e contrapesos ao exercício do poder em suas diversas expressões, regulamentando assim o papel das Forças Armadas, principalmente, mas não somente.

No Brasil, a Constituição de 1824 afirmava que (art. 147) "(...) a Força Militar é essencialmente obediente; jamais se poderá reunir, sem que lhe seja ordenada pela autoridade legítima". Em 1891, o texto constitucional (art. 14) garantia que "(...) as forças de terra e mar são instituições nacionais permanentes, destinadas à defesa da Pátria no exterior e à manutenção das leis no interior (...) e obrigadas a sustentar as instituições constitucionais".

A Carta Magna de 1934 afirmava que as Forças Armadas (art. 162) "(...) destinam-se a defender a Pátria e garantir os Poderes constitucionais, a ordem e a lei". Os parâmetros constitucionais de 1946 (art. 176) e de 1967 (art. 92), com a Emenda Constitucional número 1 de 1969, também avançaram as ideias de "segurança nacional" e "manutenção da lei e da ordem", pontos que ofereciam margens para interpretações e se tornaram fulcrais na bravata bolsonarista para subverter as regras da democracia brasileira no começo do século XXI.

Apesar disso, a Carta Magna de 1988, muito por conta dos horrores perpetrados pela ditadura militar nas décadas anteriores, buscou superar essas ambiguidades e inseriu um capítulo específico para as Forças Armadas intitulado "Defesa do Estado e das Instituições democráticas", atribuindo às forças militares o papel de garantir os "poderes constitucionais", excluindo o parâmetro de que a sua subordinação ao poder civil se daria nos "limites da lei".

Dessa forma, "a função moderadora passa a não ser cominada a um único órgão: é extraída da relação entre os poderes e seus departamentos autônomos", conforme explica Cláudio Pereira de Souza Neto, no livro Democracia em Crise no Brasil (Contracorrente).

Portanto, o malabarismo semântico do bolsonarismo ao invocar o artigo 142 para tentar assumir o controle do estado representa meramente mais uma ameaça de ruptura institucional. Assim como os ataques aos outros poderes da República, a tentativa de cercear a imprensa e cooptar os diferentes níveis da atividade policial na federação, a cooptação da Procuradoria-Geral da República, a criação de estruturas paralelas, a milicianização e a militarização da política e a utilização aberta de generais da ativa do Exército em campanhas políticas, por exemplo.

Tais transgressões ou extrapolações esdrúxulas do texto constitucional não visam simplesmente a "transformar o Brasil em uma Venezuela", como defendido neste espaço pelo colega Vinícius Rodrigues Vieira. Tal posição reduz o debate e desconsidera idiossincrasias histórico-culturais fundamentais à análise mais sofisticada. Em última análise, essas investidas pretendem desmontar toda a ordem institucional brasileira que vem sendo elaborada ao longo dos últimos séculos para transformar o Brasil em um país sem lei, governado pela sanha autoritária, irrestrita e assassina do bolsonarismo.

Cabe aos quadros, que ainda possuem o mínimo de decência, juízo e autonomia nas principais instituições brasileiras, colocarem limites claros aos ímpetos autoritários e autocráticos do bolsonarismo para evitar que os próximos anos cumpram a promessa de terra arrasada e sem lei profetizada pela bíblia do liberalismo.

UOL, 7 de junho de 2021.

31
MOTOCIATA CONSOLIDA O STATUS DE SEITA DO BOLSONARISMO

Em pouco mais de dois anos, a ideologia extremista do bolsonarismo tornou-se uma espécie de seita suicida que pretende conduzir os seus seguidores, bem como o restante do Brasil, consequentemente, para os fins trágicos que encerram tais propostas, invariavelmente.

Ao observamos, à luz da história, alguns dos principais "líderes" das seitas mais letais de todos os tempos, figuras como Charles Manson, Bhagwan "Osho" Shree Rajneesh, Jim Jones, Dominic Kataribabo e David Koresh possuem três coisas em comum com o atual presidente brasileiro: (1) a total falta de contato com a realidade para basear as suas ações e "liderança", (2) uma espécie de "aura messiânica" (com caráter religioso) que impedia os seus sectos de os questionarem com base na razão e (3) um ímpeto assassino que conduziu os adeptos das suas filosofias à morte na tentativa de combater um grande inimigo (ou ameaça) para fazer a manutenção dos seus poderes ou alcançar os seus objetivos insanos.

Por exemplo, Charles Manson era obcecado pela música Helter Skelter, dos Beatles, e passou a usar a composição para descrever a necessidade de se preparar para uma guerra racial, assim como Olavo de Carvalho, ideólogo central do bolsonarismo, vem avançando a sua proposta "antiglobalista" para travar uma guerra contra o "marxismo cultural" e o "comunismo".

Rajneesh contaminou, deliberadamente, 751 dos seus seguidores com salmonela para sabotar as eleições locais e tentar angariar o seu poder político. Parece familiar? Há um ótimo documentário sobre o tema.

Jim Jones se autoproclamava como o "messias" que seria capaz de salvar os seus seguidores da iminente catástrofe nuclear que se aproximava pelas mãos dos comunistas, sempre eles. Em novembro de 1978, Jones foi o responsável pela contaminação e morte de mais de novecentas pessoas no rancho que era intitulado Jonestown.

Líder de um movimento que foi denominado Movimento Pela Restauração dos Dez Mandamentos de Deus, em Uganda, na década de 1980, Dominic Kataribabo preconizava que os seus seguidores deveriam seguir os dez mandamentos rigidamente para não perecer durante o apocalipse, que segundo ele aconteceria no último dia do ano de 1999.

Em meio ao caos que ajudara a criar, Kataribabo demandava que os seus adeptos oferecessem seus bens à seita, exatamente como fizeram algumas agremiações religiosas durante a pandemia no Brasil em 2021. Quando o mundo seguiu existindo a partir do primeiro dia do ano 2000 e os fiéis começaram a questioná-lo, ele ateou fogo à igreja durante um culto e incinerou mais de quinhentas pessoas imediatamente. Pelo menos outros duzentos corpos foram encontrados enterrados no jardim de sua casa.

Finalmente, David Koresh convenceu os seus seguidores a se armarem em nome de Jesus Cristo para enfrentar o dia do juízo final. Bolsonaro vem fazendo o mesmo - estimulando enfaticamente o armamento da população brasileira e convocando "motociatas" como as de hoje em São Paulo, que foi intitulada "Acelera para Cristo" -, mas para ser capaz de contestar a derrota eleitoral que se desenha para 2022 a fim de evitar uma possível prisão pelo genocídio cometido entre os anos de 2020 e 2021.

No Texas, em 1993, Koresh foi o pivô de uma luta armada que durou semanas e matou quatro agentes federais e mais de oitenta membros da seita, resumidamente e em última instância.

136

Nesse sentido, Bolsonaro adotou absolutamente todos os comportamentos demonstrados pelas figuras citadas nesse artigo: estimulou uma guerra contra o "comunismo", contra a China etc., promoveu a contaminação da população brasileira - sabotando o plano vacinal e difundindo a falsa tese da "imunidade de rebanho" - ao custo de milhares de vidas para promover a retomada econômica antes do próximo pleito presidencial, desacreditou a ciência em nome de soluções messiânicas e catalisou o armamento da população brasileira de forma sem precedentes.

A única diferença, nessa ocasião, é que o presidente brasileiro não lida somente com um grupo restrito de algumas centenas de seguidores, mas vem adotando esse modus operandi com a maior população nacional de toda a América do Sul. Segundo o próprio presidente, o ato deste sábado (12), conduzido na maior cidade do país durante a maior crise sanitária dos últimos cem anos, pretende reunir pelo menos cem mil motos.

Dessa forma, a eleição de 2022, caso Bolsonaro não sofra o impeachment por conta dos claros crimes que cometeu e estão agora sendo eloquentemente ilustrados pela CPI, será a última fronteira para deter o secto de lunáticos que pretende tomar conta do Brasil.

UOL, 12 de junho de 2021.

32
GENOCÍDIO BRASILEIRO SERÁ O PRINCIPAL LEGADO DO BOLSONARISMO

Quinhentas mil vidas perdidas. Eis o resultado da interseção letal e dantesca que a interação do vírus com os impropérios adotados por Jair Bolsonaro e seus seguidores criou ao longo dos últimos dezesseis meses.

Enquanto isso, o presidente brasileiro ignorou múltiplas ofertas de vacinas (101 e-mails somente da Pfizer), incentivou o uso de medicações comprovadamente inócuas contra a covid-19, trouxe a Copa América ao Brasil e estimulou a disseminação ativa do vírus de forma deliberada. O que mais Bolsonaro precisa fazer para que, efetivamente, esteja caracterizado o crime de genocídio durante a sua trágica gestão durante a pandemia? Nada.

Vamos analisar, à luz da história, quais elementos estiveram presentes nos crimes que foram classificados como genocídios e como atuaram os seus principais arquitetos nesse sentido.

Ao longo dos últimos séculos, alguns crimes extremos foram considerados genocídios e delitos contra a humanidade. Invariavelmente, os perpetradores desses atos se utilizaram de dois aspectos fundamentais para concretizar as suas barbáries desumanas em busca da manutenção dos seus poderes: (1) acesso a meios hegemônicos de comunicação de massa e (2) uma propaganda agressivamente organizada com base em discursos segregacionistas de ódio ou medo para submeter (e exterminar, em última instância) os grupos divergentes.

O Holocausto, Polônia, Camboja, Armênia e Ruanda são apenas alguns exemplos de como essa arquitetura da destruição é constituída por ideias e retórica, inicialmente, para então ganhar a dimensão efetiva do massacre.

Muito antes do surgimento dos modelos de extração de atenção e das redes sociais digitais, um dos atos criminosos mais selvagens e tristes da história humana, o Genocídio em Ruanda, vitimou mais de 800 mil pessoas da etnia tutsi. Mulheres, homens, idosos e crianças foram mortas a golpes de foice e porretes por membros do grupo hútus, em 1994. O genocídio foi perpetrado com o auxílio direto de desinformação, discursos de ódio e uma rede social.

Nos meses anteriores ao extermínio, Félicien Kabuga, um dos empresários mais ricos do país naquela ocasião, além de comprar as armas brancas que foram utilizadas na "limpeza étnica", utilizou a sua rádio, Mille Collines, para transmitir à população de todo o país milhares de horas de mensagens de ódio caracterizando os tutsis como insetos que deveriam ser esmagados para o surgimento de uma nação superior.

Esta mesma dinâmica de propaganda foi adotada por Hitler e Goebbels e vem sendo aplicada no Genocídio Rohingya, no estado de Mianmar, no sul da Ásia, desde 2016, por exemplo. Contudo, o veículo de comunicação de massa utilizado pelos perpetradores de agora é a plataforma oferecida pelo Facebook.

Na década de 1920, os nazistas ainda sequer tinham um partido consolidado e seus seguidores não somavam à casa dos milhares. Hitler, que despertara a atenção de Dietrich Eckart por ser um excelente orador, inicia Goebbels no nazismo como ministro da comunicação e ambos passam a elaborar e a disseminar ideias de ódio e/ou medo para toda a nação.

Uma década mais tarde, a Alemanha inteira estava fortemente embarcada na ilusão nacionalista. Doutor em Filosofia, Goebbels afirmava, de forma reducionista e anacrônica aos tempos atuais, que "as grandes revoluções não são feitas por intelectuais ou grandes escritores, mas por grandes oradores" e que "propaganda jamais apela à razão, mas sempre à emoção e ao instinto".

Pode-se dizer, portanto, que tais métodos e preceitos fazem parte do modus operandi dos genocidas. Casos assim são os resultados extremos do que a perigosa combinação de ódio e veículos de comunicação de ampla abrangência pode produzir, ao fim e ao cabo.

Apesar de não ser um orador brilhante, Bolsonaro foi extremamente eficiente ao apelar para os elitismos histórico-culturais do "brasileiro médio" e vem utilizando, principalmente no que diz respeito à comunicação presidencial e durante a crise pandêmica, abordagens idênticas ao que fizeram os principais genocidas da história.

No Brasil, entre 2020 e 2021, estes processos de desinformação, negação e disseminação deliberada de ódio via internet foram determinantes para agravar a crise causada pelo coronavírus e também custaram centenas de milhares de vidas. Nos últimos anos, Bolsonaro fez declarações de todas as ordens nesse sentido: contra a comunidade LGBTQIA+, negros, mulheres, os direitos humanos etc.

O presidente brasileiro, enquanto ainda em campanha na corrida pelo Planalto, efetivamente disse que o ideal seria "fuzilar a petralhada" do Acre e que "quilombolas não servem nem para procriar", utilizando termos que são empregados para pesar animais para se referir aos povos originários da nossa terra.

Durante a pandemia, Bolsonaro negou a existência e a gravidade da doença de todas as formas possíveis, criou uma crise institucional com múltiplas dimensões - conforme abordado em artigo prévio publicado nessa coluna -, prescreveu medicações inúteis contra a peste, sabotou o plano vacinal e a ciência, orientou a população a invadir os hospitais para verificar se os leitos estavam ocupados e assim por diante. A lista de crimes é extremamente longa e todos esses registros estão gravados e disponíveis em vídeo. Ou seja, um genocida confesso em ampla medida.

Dessa forma, o projeto genocida do bolsonarismo, que foi previamente anunciado à sociedade brasileira e aprovado sob o endosso de mais de 57 milhões de votos naquela ocasião, deixa como legado um rastro de destruição anteriormente impensável para o país: O Genocídio do Brasil.

Para piorar, caso Bolsonaro continue no poder até o fim de 2022, o Brasil talvez alcance a triste marca de mortes do Genocídio de Ruanda, por exemplo, ou talvez supere até a marca de um milhão de mortes decorrentes da peste. Seremos o país mais afetado em todo o mundo. Assim, não se trata somente da ausência de articulação, coordenação e liderança federal. Faltou tudo. O mínimo de bom senso e decência já evitaria tanta dor e perdas.

Apesar disso, Bolsonaro segue com a sua missão. Ele e a sua máquina de morte ainda têm outros dezesseis meses pela frente para, talvez, catalisarem as mortes de outras quinhentas mil pessoas no Brasil, porque, apesar dos estragos atuais já serem irremediáveis, para o bolsonarismo sempre cabe mais.

Conforme também enfatizado em artigos prévios publicados nessa coluna, o genocídio conduzido pelo bolsonarismo no Brasil entre os anos de 2020 e 2021 - caso não seja julgado pelas instâncias presentes no ordenamento jurídico doméstico - deverá ser sentenciado por cortes internacionais no sentido de imputar as devidas responsabilidades às figuras políticas diretamente envolvidas com os fatos. O Brasil precisará olhar com muita seriedade para os seus Julgamentos de Nuremberg.

UOL, 19 de junho de 2021.

33
ÚLTIMAS CARTADAS DE BOLSONARO TÊM POTENCIAL DEVASTADOR PARA A DEMOCRACIA

Jair Bolsonaro está seminocauteado e apoiado contra as cordas ("centrão" e militares) para não cair. O mais recente escândalo de corrupção implicando-o diretamente no caso das "rachadinhas" o coloca em situação absolutamente indefensável. Contudo, o ex-capitão e a sua trupe nunca jogaram sob as regras democráticas e tentarão todos os tipos de golpes baixos como cartadas finais antes e durante o próximo pleito presidencial.

Somente na última semana, houve indícios claros de que bolsonaristas estariam sendo infiltradas na CPI e nas manifestações do dia 3 de julho para manipular a narrativa segundo os interesses do presidente. No começo desta semana, o deputado federal Alexandre Frota, antigo apoiador do bolsonarismo e hoje filiado ao PSDB de São Paulo, utilizou as suas redes sociais para afirmar que "os black blocs de ontem (3 de julho de 2021) são os bolsonaristas disfarçados. Já temos pistas sobre isso".

Circulam imagens nas quais alguns dos supostos "black blocs" utilizam sapatos do uniforme B-3 da Polícia Militar da cidade de São Paulo, por exemplo, e filmam os próprios atos de "vandalismo" no sentido de estabelecer a narrativa pretendida pelo presidente.

A publicação de Frota foi uma resposta ao comentário feito por Jair Bolsonaro também via redes sociais nessa mesma data: "Nenhum genocídio será apontado. Nenhuma escalada autoritária ou 'ato antidemocrático' será citado. Nenhuma ameaça à democracia será alertada. Nenhuma busca e apreensão será feita. Nenhum sigilo será quebrado. Lembrem-se: nunca foi por saúde ou democracia, sempre foi pelo poder!", escreveu o presidente da República, que também atacou ministros do Supremo Tribunal Federal (STF) de forma agressiva, recentemente. Muito conveniente, não? Especialmente, o medo da quebra dos sigilos é muito sintomático.

Outro suposto caso similar de infiltração, dessa vez na CPI e também envolvendo um cabo da Polícia Militar (de Minas Gerais), chamou a atenção do presidente da CPI, Omar Aziz. Na ocasião, Luiz Paulo Dominguetti Pereira divulgou um áudio, atribuído por ele ao deputado federal Luis Miranda (DEM-DF), para tentar desmontar as denúncias feitas pelos irmãos Miranda contra o presidente da República.

Aziz e os outros membros da CPI não compraram a versão de Dominguetti, pediram uma avaliação de todo o conteúdo presente no celular do cabo e acabaram ouvindo o depoente mudar de postura ao dizer que pode ter sido ludibriado. Muito conveniente, de fato.

O deputado federal Orlando Silva (PCdoB-SP) também usou as redes sociais para dizer: "GOVERNISTAS PEGOS NA MENTIRA! O áudio plantado foi desmoralizado pelo deputado Luís Miranda. O áudio era de 2020, não tratava de vacinas e foi editado. Serviu para gerar falsas versões para o gabinete do ódio. Esse depoente pode acabar preso. Chapéu de otário é marreta!".

Geralmente, jornalistas, comunicadores e figuras públicas mais experientes têm certo receio de examinar questões como essas por conta dos rótulos que surgem facilmente ao redor de teorias conspiratórias.

Apesar disso, ao longo da história, diversos momentos decisivos foram conduzidos com base em atos análogos (de infiltração e sabotagem) a esses e que foram orquestrados pelos regimes vigentes na ocasião. O atentado do Riocentro, o assassinato do jornalista Vladimir Herzog e a participação estadunidense na Operação Lava Jato são apenas alguns exemplos.

A lista é imensa e, infelizmente, costumamos agir quando os fatos já estão consolidados, o que, via de regra, diminui ou inviabiliza a efetividade da contestação. Conforme abordado previamente nesta coluna, o bolsonarismo tentará todos os tipos de métodos inescrupulosos para se manter no poder, mas principalmente tentando cooptar a adesão de forças militares estaduais para evitar a possibilidade de prisão dos seus principais membros, após o pleito presidencial de outubro do ano que vem.

Nesse sentido, as forças democráticas (parlamentares e sociedade civil) brasileiras precisam estar ainda mais atentas do que antes no sentido de evitar ações golpistas e a subversão da constitucionalidade democrática do país, porque, em ampla medida, foram ações dessa ordem que nos trouxeram até o caos social, político, econômico e sanitário em que nos encontramos.

UOL, 6 de julho de 2021.

34
BOLSONARO É SINTOMA DE TENDÊNCIAS ESTRUTURAIS DO PAÍS, DIZ SILVIO ALMEIDA

Apesar de todos os crimes cometidos por Jair Bolsonaro durante a pandemia, o bolsonarismo ainda se sustenta frente à chefia do Poder Executivo. Por que razão? Os alicerces fundamentais desse fenômeno político remetem a expressões históricas e culturais do país, é o que afirma o filósofo e advogado Silvio Almeida, autor dos livros Racismo Estrutural, Sartre: Direito e Política e O Direito no Jovem Lukács: a filosofia do direito em história e consciência.

Em entrevista à coluna, ele ressaltou que o racismo estrutural brasileiro é um elemento inevitável no sentido de entender a ascensão do bolsonarismo, mas essa questão deve ser abordada de forma complexa, dialética e tendo em vista, sobretudo, a perspectiva de que o Brasil está inserido no jogo da geopolítica global.

"São tendências estruturais que o Brasil vem apresentando ao longo da nossa história e que, diante de crises, são capazes de se reorganizar com base nos contextos doméstico e internacional. É muito importante olharmos para a complexidade dessa questão nessa medida para entendermos, inclusive, a própria questão racial", ressalta Almeida, que também preside o Instituto Luiz Gama.

Para ele, três dimensões exercem papéis fundamentais nesse cenário: a dependência econômica do Brasil com relação aos países que estão localizados no cerne do sistema capitalista global, o bloqueio à democracia nacional em momentos sociopolíticos decisivos e o racismo estrutural vigente no país desde a instituição da Primeira República (1889).

"Todas essas se entrelaçam. (...) Toda vez que o Brasil organiza um projeto de país no sentido de superar a dependência econômica, algo acontece e somos golpeados para que desapareçam essas possibilidades, o que, quase sempre, remete à segunda dimensão: o bloqueio das vias democráticas com a ascensão de propostas por meio do autoritarismo. (...) Nessa equação, a última tendência aqui citada, que é o racismo estrutural, insere-se no que tange a caracterização de um estado violento, incapaz de gerar pontos de consenso entre a sua própria população", pondera Almeida.

De acordo com essa visão, a questão racial, no Brasil e no começo do século XXI, está embrenhada no conceito que vários teóricos e pensadores atuais classificaram como "neoliberalismo autoritário". Sobretudo a partir de 2016, com o início do governo ilegítimo de Michel Temer, esse modelo econômico e sociopolítico ganhou muita ressonância no país.

Essa reflexão que insere a questão racial no contexto mais amplo da geopolítica doméstica e global e confere um caráter histórico-cultural ao próprio racismo é absolutamente fundamental para repensarmos soluções que sejam capazes de retomar as propriedades emancipadoras da política nacional.

Na prática, por exemplo e para efeito de compreensão, essa abordagem mais densa e complexa explica que os próprios racistas são frutos de um modelo de sociabilidade, ao invés de considerá-los, de forma predeterminada e reducionista, como vilões desprovidos de legados históricos e como seres aculturais.

Sob esse prisma, torna-se evidente que, simplesmente, aumentar a exposição e o acesso dos negros, indígenas e LGBTQIA+ a posições de destaque na forma como a atual sociedade está estruturalmente organizada não basta para promover uma mudança significativa. Explico-me: a representatividade estético-cultural é importante, sim, mas, tendo em vista a forma como o poder é efetivamente exercido na nossa sociedade, ela sozinha não tem o poder de reformular os arranjos sociais que perpetuam a exploração das classes usurpadas.

Assim, não basta (única e exclusivamente) que, novamente como mero exemplo para ilustrar a questão, as grandes emissoras de televisão aumentem os seus quadros jornalísticos ou de entretenimento no sentido de contratar apresentadores, atrizes ou atores negros. É essencial que esse aumento da proporção de negros no cast seja acompanhado por uma ocupação, na mesma medida, de pessoas negras em posições de comando das emissoras.

Bem como movimentos de cunho meramente "identitário", que isolam a luta antirracista do contexto supramencionado, também não servem ao mesmo propósito emancipatório, apesar de conseguirem conquistar algumas posições políticas dentro do modelo que já está estabelecido.

"Nós temos a difícil missão de abrir as portas do futuro que é possível para o Brasil. (...) Tudo o que fizermos agora talvez não seja vivenciado em sua plenitude por cada um de nós que aqui estamos. O fim do governo de Jair Bolsonaro, muito provavelmente, não significará o que (o filósofo Frantz) Fanon chamou de 'a saída da grande noite'. Existem outras armadilhas nos esperando e pessoas que participaram desse golpe tentando se reorganizar. Temos que estar atentos", conclui Almeida.

UOL, 2 de setembro de 2021.

35
UM DOS ARTÍFICES DO BOLSONARISMO, MBL SE VOLTA CONTRA SEU FRANKENSTEIN

A ascensão do bolsonarismo foi amplamente viabilizada por conta do sentimento antissistema que o golpe organizado contra Dilma Rousseff gerou na maior parte da população brasileira.

Na ânsia de assumir o poder subvertendo o resultado das eleições de 2014, a direita liberal e a maior parte das mídias hegemônicas nacionais se utilizaram de movimentos políticos como o MBL (Movimento Brasil Livre), o Livres e o Vem Pra Rua para atacar a gestão petista, o que funcionou, mas acabou por desacreditar toda a política institucional do país e, consequentemente, elegeu o governo Frankenstein do bolsonarismo que hoje esses mesmos grupos tentam derrubar.

Figuras como João Amoedo, João Doria e Alvaro Dias são alguns dos principais líderes envolvidos na convocação para os atos desse domingo (12). Evidentemente, a causa é nobre e Bolsonaro deve, sim, sofrer o impeachment e responder pelos seus crimes, mas a desfaçatez desses grupos sociopolíticos não pode simplesmente passar incólume, até porque ela é parte fundamental para entender a situação dantesca que nos assola e evitar que ela se repita.

Essa desfaçatez e a falta de respeito ao jogo democrático são as mesmas características que fazem com que o próprio Bolsonaro declare guerra ao STF e às instituições brasileiras no dia 7 de Setembro e, apenas um dia depois, peça auxílio a Michel Temer, um dos grandes símbolos do golpismo e do fisiologismo brasileiro, para voltar atrás e dizer que agiu no "calor do momento".

Como no romance de Mary Shelley, o monstro criado por Victor Frankenstein adota métodos desumanos e antiéticos similares aos que foram empregados na sua criação e passa a fazer demandas, eliminando as pessoas para reforçar as suas exigências, inclusive, o seu próprio criador ao término do livro. Finalmente, o monstro chega a desejar o seu próprio fim por não aceitar a dor e a solidão que o acometem.

Soa familiar? Isolado e combalido, Bolsonaro admitiu, no último sábado (11), que "a vida de presidente não é fácil, se alguém quiser trocar, eu troco agora".

Sem dúvida, contudo, as principais lideranças da esquerda erraram ao não se anteciparem no sentido de lançar o primeiro ataque após a carta redigida por Temer e que enfraqueceu ainda mais a adesão ao bolsonarismo. Política institucional é feita de momentos e oportunidades. Senso oportunístico é o que essas figuras que convocam hoje às ruas têm de sobra, conforme já demonstraram em outras ocasiões.

A maior parte dos grupos que hoje saem para pedir o impeachment de Bolsonaro assim o fazem porque foram descartados das posições de poder que sempre almejaram conquistar.

Evidentemente, a questão central não é a defesa da democracia brasileira ou da soberania do voto popular. As análises que defendem a legitimidade dos atos de hoje por meio desses argumentos simplesmente esquecem de considerar que quem apoiou a recontagem de votos de Aécio Neves, o impeachment sem crime de responsabilidade de Dilma Rousseff, o conluio jurídico-midiático da Lava-Jato e a inelegibilidade de Lula em 2018 não pode estar muito preocupado com esses valores republicanos e democráticos apenas alguns anos depois.

Talvez, esses analistas também apoiem os atos de hoje, porque, assim como os grupos envolvidos com as convocações desse domingo, acabaram por se arrepender do monstro que ajudaram a criar.

UOL, 12 de setembro de 2021.

36
BOLSONARO REPRESENTA UM MODELO AGUDO DE CAPITALISMO, DIZ FILÓSOFO

*O*s estados modernos, os ordenamentos jurídicos nacionais e, basicamente, toda a organização da vida social, sobretudo nos países ocidentais, são frutos de um modelo de sociabilidade que vem sendo elaborado pela lógica de reprodução do capital, que depende de crises recorrentes para fazer a manutenção das suas propriedades.

Nesse contexto, o bolsonarismo é a forma de expressão mais aguda desse modelo de sociabilidade capitalista no Brasil. Essa foi a principal ideia explanada por Alysson Leandro Mascaro, filósofo, jurista e professor da Universidade de São Paulo, em entrevista à coluna realizada na última semana.

"O estado como o conhecemos é uma forma de organização sociopolítica do capital. Caso a democracia não seja mais interessante ao capital, essa força fará com que um golpe ou uma ditadura aconteçam. Nesse contexto, surge o bolsonarismo", explica Mascaro, que é autor dos livros Crise e Golpe (Boitempo), Crise e Pandemia (Boitempo), Althusser e o Materialismo Aleatório (Contracorrente), entre outros.

Ao encontro desse raciocínio, a ex-presidenta Dilma Rousseff disse, também em entrevista exclusiva para essa coluna, que o "impeachment (2016) aconteceu porque nós (Brasil) travamos a agenda neoliberal".

Cinco anos depois, existem provas robustas que comprovam a ingerência imediata de elites nacionais e estrangeiras no golpe parlamentar, o que abriu as portas para a agudização do modelo de sociabilidade brasileiro e para a própria ascensão do bolsonarismo. Em seguida, Paulo Guedes e a sua equipe completaram o trabalho.

"Ainda vivemos em uma sociedade bastante infantil no sentido do que é a luta política e social. (...) O que aconteceu com o Salvador Allende, com (Getúlio) Vargas, com Jango (João Goulart) não nos serviu de exemplo, infelizmente", complementa Mascaro.

Segundo ele, "com base em uma suposta neutralidade do estado e solidez da democracia, imaginou-se que situações assim não aconteceriam novamente, que não existiria mais a interferência do imperialismo estadunidense na nossa geopolítica nacional, que o Exército do Brasil, de fato, defenderia a soberania nacional, que o direito fosse a legalidade e assim por diante".

"Enquanto a sociabilidade for dominada economicamente pelo capital, a política será capitalista, de tal sorte que o elemento central da luta não é somente e necessariamente o político, mas o econômico. Sem essa consciência social de luta contra a exploração econômica, apenas enxugaremos gelo", prossegue o professor.

A favor desse argumento, consta o agravamento da materialidade econômica e trabalhista da vida social brasileira após o golpe: o preço da gasolina, do gás de cozinha, da taxa de conversão do dólar, a retirada dos direitos conquistados pela classe trabalhadora, a informalidade etc.

Conforme também foi demonstrado em artigo prévio publicado nessa coluna, há uma correlação direta entre o nível de submissão das políticas econômicas dos países da América Latina à agenda neoliberal internacional e o aumento da miséria nos seus respectivos territórios nacionais.

Atualmente, o Brasil registra a volta da fome, da inflação, da escassez e da precarização do trabalho e do aumento da população vivendo nas ruas, enquanto um grupo ínfimo de investidores ligados ao capital estrangeiro se torna bilionário.

Para todos os efeitos, Mascaro acredita que esse processo de exploração do povo brasileiro deverá ser reeditado em 2022 ou nos anos subsequentes de forma ainda mais agressiva, possivelmente. "É golpe em cima de golpe. (...) Nesse sentido, a luta de transformação social deve ser para a emancipação popular em face do capital, sendo que o capital guia o destino político da humanidade. Há quase trezentos anos temos as condições de emancipar a sociedade, mas ainda não chegamos lá", conclui o professor.

UOL, 24 de setembro de 2021.

37
AS MIL E UMA NOITES DO BOLSONARISMO NO BRASIL

Neste domingo (26), o trágico desgoverno de Jair Bolsonaro completa a sua milésima primeira noite frente à chefia do Poder Executivo no Brasil. Inevitáveis são as alusões ao clássico da literatura mundial com a dramática situação do país após quase trinta e três meses de vigência do bolsonarismo.

Originárias do Oriente Médio e do sul da Ásia, os contos das Mil e uma noites foram compilados em árabe a partir do século IX. Em seguida, no Ocidente, a obra ganhou notoriedade por meio da tradução para o francês, que foi realizada nos primeiros anos do século XVIII, por Antoine Galland.

No livro, o rei Xariar enlouquece por ter sido traído pela sua primeira esposa, que dormiu com os seus escravos enquanto ele viajava, porque não existiam bombeiros ainda naquela ocasião, e passa a demandar noivas diferentes todas as noites, mandando matá-las na manhã seguinte, para evitar futuras traições e ser capaz de lidar com a sua própria frustração.

Passam-se assim três anos durante os quais Xariar sacrifica milhares de inocentes na tentativa de fazer a manutenção dos seus poderes e da sua própria posição estatutária, consumido cegamente pelo seu ódio e obscuridade do seu ego.

Durante as mil e uma noites do bolsonarismo no Brasil, mais de 595 mil inocentes foram sacrificados pela interseção entre a covid-19 e a atual gestão federal brasileira, a economia nacional foi absolutamente devastada, com a volta da fome, da inflação galopante e da crise hídrica, e o país virou motivo de chacota junto à sociedade internacional. Formou-se a tempestade perfeita brasileira, conforme abordado em artigo prévio publicado nessa coluna.

Contudo, nesse caso, a analogia entre os contos emblemáticos e o bolsonarismo termina nesse ponto, porque, após esse período, Xariar encontra Sherazade, que desperta nele um lado humano e o faz se apaixonar novamente, poupando-a a vida e passando impune pelas atrocidades que havia previamente cometido.

Ao que os indícios apontam, esse não será o desfecho da história protagonizada por Bolsonaro, a sua família e o seu secto de lunáticos. Após a farra que viveram ao longo dos últimos trinta anos parasitando o erário brasileiro, mas, sobretudo e de forma ainda mais enfática, considerando as vidas de inocentes que foram sacrificadas durante as mil e uma noites do bolsonarismo no governo federal, o cerco se fecha e as consequências dos atos se aproximam.

Somente nos últimos dias, Carlos Bolsonaro, que já não possui foro privilegiado, foi qualificado como "chefe de organização criminosa" por um juiz da 1ª Vara Criminal Especializada do Tribunal de Justiça do Rio de Janeiro (TJ-RJ), que identificou "indícios rotundos de atividade criminosa em regime organizado" cometidos pelo filho do presidente, segundo as palavras do próprio magistrado.

Adiante, a Anistia Internacional listou trinta e duas violações de direitos humanos e retrocessos durante as mil e uma noites do governo Bolsonaro no Brasil, líderes mundiais avacalharam o presidente brasileiro de forma sem precedentes e o escândalo do caso Prevent Senior demonstrou a real profundidade da degradação moral do bolsonarismo e das figuras envolvidas com esse movimento.

Além disso, a CPI da Covid prepara o seu golpe final e uma denúncia que deverá ser apresentada junto a cortes internacionais para imputar Jair Bolsonaro e membros do seu gabinete com crimes contra a humanidade durante os anos pandêmicos. Nesse contexto, a postura digamos que "menos ofensiva" do presidente nos últimos tempos não decorre de ter se encantado pelas histórias e eloquência da rainha Sherazade, mas porque, apesar de sua rotunda ignorância, até ele já foi capaz de perceber que o fim da sua história não será doce e romântico como os dos contos árabes, persas e indianos.

UOL, 26 de setembro de 2021.

38
OFFSHORE DE GUEDES ILUSTRA, FIELMENTE, A HIPOCRISIA BOLSONARISTA

Desde a ascensão do bolsonarismo, que foi amplamente viabilizada pela falaciosa narrativa do combate à corrupção, com patos infláveis e milhões de "cidadãos de bem" trajando camisetas da CBF na Avenida Paulista, o vazamento dos dados contidos no escândalo do Pandora Papers é o fato mais elucidativo acerca do mar de hipocrisia em que está ancorada a embarcação bolsonarista, nesse caso, fielmente personificada na figura de Paulo Guedes.

Solidamente encarnado no estereótipo de homem branco, heterossexual e empresário liberal, o "Posto Ipiranga" assumiu a economia brasileira com a pompa de quem estaria gabaritado para libertar o país dos estragos causados pelas gestões anteriores. Quase três anos depois, entretanto, com a economia em frangalhos e apoiado em uma única nota, a da privatização, Guedes provou ser mais um liberal inepto e bravateiro.

Até esse ponto, nenhuma novidade e, muito provavelmente, a área de marketing da rede de postos de combustíveis já não estava mais tão feliz com a associação atribuída ao principal ministro do bolsonarismo. Contudo, tal cenário mudou radicalmente nessa semana.

Com a explosão dos arquivos revelados pelo Pandora Papers, o Brasil, bem como o restante do mundo, entendeu que o ministro da Economia de Bolsonaro, para além de ser meramente um inábil e falastrão, utilizou a sua posição privilegiada para lucrar alto no mercado internacional em detrimento da população brasileira.

Enquanto milhões de brasileiros voltaram à linha da miséria e correm atrás de ossos para não morrer de fome e toda a "classe média" paga quase

R$ 7 no litro da gasolina, Guedes faturou milhões de dólares em aplicações — que são ilegais para membros do governo — via empresas offshore.

A desfaçatez de Guedes é tão escabrosa que o ministro de Jair Bolsonaro, o presidente "zero à esquerda em economia", chegou a afirmar, no dia 12 de fevereiro de 2020: "o câmbio não está nervoso, (o câmbio) mudou. Não tem negócio de câmbio a R$ 1,80. Todo mundo indo para a Disneylândia, empregada doméstica indo para Disneylândia, uma festa danada. Pera aí. Vai passear em Foz do Iguaçu, vai passear ali no Nordeste, está cheio de praia bonita. Vai para Cachoeiro do Itapemirim, vai conhecer onde o Roberto Carlos nasceu, vai passear o Brasil, vai conhecer o Brasil. Está cheio de coisa bonita para ver."

Ou seja, depois de todas as bravatas afirmando que "o PT quebrou o país", Guedes e a sua turma tiveram o sangue frio de afirmar que o "dólar alto é bom para o Brasil". Sem dúvida, quando os seus investimentos estão realizados em paraísos fiscais e são alavancados pela moeda estadunidense, esse é precisamente o caso. Para esse Brasil, o método Guedes funciona maravilhosamente bem: mais dinheiro no bolso dos empresários e menos pobres pegando aviões.

Uma pesquisa simples e rápida no Google demonstra que "Dreadnought", o nome da empresa criada em 2014 por Guedes nas Ilhas Virgens Britânicas, "foi o tipo predominante de navio de guerra encouraçado no início do século XX. O primeiro navio do tipo, o HMS Dreadnought da Marinha Real Britânica, teve um impacto tão grande, quando foi lançado em 1906, que os navios de guerra semelhantes que foram construídos após ele passaram a ser chamados de dreadnoughts, enquanto os navios de guerra anteriores tornaram-se conhecidos como pré-dreadnought".

O desenho do Dreadnought trazia duas grandes inovações: um esquema de armamento de calibre único e a propulsão movida por turbinas a vapor. Como os dreadnoughts se tornaram um símbolo fundamental de poder nacional, a chegada destes novos navios de guerra renovou a corrida armamentista naval entre o Reino Unido e a Alemanha.

Enquanto a população brasileira começava a sofrer as consequências de uma das mais severas crises econômicas da história do país, o "patriota" Paulo Guedes batizava a sua empresa fantasia com um símbolo de guerra da Inglaterra pós-medieval. Dificilmente, um roteiro explicaria, de modo tão sintomático, a raiz do pensamento bolsonarista.

Chama atenção, por fim, a cobertura midiática aquém da dimensão deste escândalo. É sabido que grande parte do empresariado nacional, aliado histórico dos principais grupos de mídia do país, sustenta empresas offshore em paraísos fiscais. Essa mesma gente que se diz "de bem" e afirmou querer moralizar o país há seis anos. São todos Paulo Guedes.

UOL, 5 de outubro de 2021.

39
A ASCENSÃO DO BOLSONARISMO E A TEMPESTADE PERFEITA DA SINDEMIA DE COVID-19

O descrédito do modelo de democracia indireta, a ganância desmedida de partidos políticos pela manutenção das suas hegemonias a qualquer custo, a influência da mídia brasileira, as manobras de poderes corporativos e da República, uma recessão econômica, todos os tipos de elitismos histórico-culturais, a sagacidade de grupos internacionais que são especialistas em utilizar o medo e a ojeriza como forma de promover a instabilidade ou criar coesão política entre as massas, o dogma religioso e novas ferramentas e estratégias de comunicação: a ascensão do bolsonarismo no Brasil do século XXI promoveu uma reorganização da estrutura social brasileira, não somente nos âmbitos político e social coletivo (trabalho, clube, mercado etc.), mas no cerne das famílias e das relações afetivas das amizades mais próximas. Melhores amigos brigaram. Tios e sobrinhas discutiram. Pais e filhos se desentenderam aos gritos. Foi um período muito conturbado para a sociedade brasileira em geral.

Essa reestruturação, que aconteceu de forma mais acentuada entre 2016 e 2020, foi especialmente traumática por conta da intensidade de ambos os elementos que colidiram nesta quadra histórica no que tange as mudanças sociais e a participação política do povo brasileiro. De um lado, o conservadorismo histórico que se aliou ao conservadorismo religioso e venceu as eleições ilegítimas em 2018. Do outro, a intensificação de tendências globais e inexoráveis, como a globalização, a ciência moderna, o combate ao racismo e o feminismo (esta última tendência compreendida como a busca da equidade total, considerando o tratamento destinado às pessoas de todos os gêneros).

Trata-se de um período na história do Brasil quando as forças políticas e sociais que representam esses raciocínios antagônicos travaram um embate sobre a plataforma do descrédito do modelo de democracia representativa. Isso foi catalisado em muitas sociedades civis modernas do planeta pela internet – com o surgimento de um novo paradigma de comunicação, principalmente desde a popularização dos smartphones, entre 2010 e 2013, via redes sociais, aplicativos e novas estratégias de construção de narrativas, que passaram a oferecer um protagonismo maior aos cidadãos comuns – e pela exacerbação da racionalidade neoliberal, por meio dos seus discursos, práticas e dispositivos, que visam organizar um novo modo de governo segundo o pseudoprincípio universal da concorrência irrestrita.

Nesse sentido, em outubro de 2018, cinco grandes forças motivaram a votação maciça que o então deputado federal Jair Bolsonaro recebeu nos dois turnos da eleição presidencial brasileira: o antipetismo, estimulado com voracidade ímpar por alguns dos principais grupos empresariais e de comunicação; o elitismo histórico-cultural, reforçado principalmente por boa parte da "classe média" e algumas camadas mais empobrecidas e ascendentes da população; o dogma religioso, neste caso, mais especificamente por meio da notória adesão dos evangélicos à candidatura de Bolsonaro; o sentimento antissistema, em virtude de uma imensa descrença no modelo de democracia representativa (31 milhões de abstenções e 11 milhões de votos brancos ou nulos); e o uso de novas ferramentas e estratégias de comunicação, tais como Facebook, Twitter, Instagram e WhatsApp, para a disseminação de notícias falsas e discursos de ódio ou medo.

Cerca de um ano e meio depois, a pandemia de Covid-19 desorganizou abruptamente as dinâmicas de funcionamento das sociedades civis em todo o planeta.

Entre 2020 e 2021, as principais nações do mundo, por meio das suas respectivas administrações federais, adotaram medidas legislativas restritivas considerando o fluxo de pessoas, produtos e serviços para conter o avanço do patógeno. Jair Bolsonaro correu atrás de uma ema com uma caixa de hidroxicloroquina nas mãos.

No Brasil, portanto, a crise causada pela Covid-19 combinou-se com o bolsonarismo e a instabilidade política preexistente e ganhou novos contornos, o que gerou múltiplos planos de um conflito institucional: (1) dentro do próprio governo federal; (2) entre os níveis federativos (com governadores e prefeitos estaduais); (3) com os demais poderes da República (Judiciário e Legislativo); e (4) junto à sociedade internacional.

Apesar de ser uma questão social extremamente ampla e complexa, os vetores centrais do agravamento do que se tornou uma sindemia (crises sanitária, política, econômica e, em última instância, social agindo simultaneamente) no Brasil entre os anos de 2020 e 2021 foram: a) o simbolismo presidencial, que ao longo de toda a crise sanitária negou a ciência e as recomendações da Organização Mundial de Saúde (OMS) junto à população brasileira; b) a ausência do federalismo cooperativo, como resultado da falta de liderança e articulação da administração Bolsonaro nos âmbitos federal, estadual e municipal para a formulação de políticas públicas eficazes: c) a gestão (corrupta e criminosa) do Ministério da Saúde do Brasil, que teve as suas lideranças alteradas diversas vezes ao longo da pandemia; e d) a sub-diagnosticação/subnotificação de casos, devido aos baixíssimos níveis de testes que foram realizados na população brasileira, à morosidade do governo federal em adquirir os reagentes necessários para viabilizar o processo em ampla escala e a politização irrestrita que o bolsonarismo imprimiu ao tema.

O resultado foi a formação da tempestade perfeita para o Brasil. Um cenário de incertezas, colapso sanitário e social, descrédito internacional, falta de harmonia institucional, insegurança pública, destruição do meio-ambiente e recessão econômica poucas vezes – ou talvez jamais – verificados na história da Nova República, justamente durante a maior pandemia dos últimos cem anos.

Dessa forma, nenhum outro tema é mais relevante para entendermos o atual cenário sociopolítico e econômico do Brasil – bem como o caráter e os níveis das mudanças sociais que vêm ocorrendo no país – do que refletir sobre a interação entre o bolsonarismo (com os seus diversos instrumentos políticos, administrativos e sociais) e a crise causada pela Covid-19.

Em uma das suas recentes obras, a terceira edição do livro intitulado Toward a New Legal Common Sense: law, globalization and emancipation, que foi lançado pela Cambridge University Press no segundo semestre de 2020, o sociólogo português Boaventura de Sousa Santos faz uma analogia entre as ascensões do bolsonarismo no Brasil e do nazismo, na Alemanha.

Dadas as devidas idiossincrasias dos povos, suas culturas e de cada ocasião histórica, a comparação é extremamente pertinente, principalmente analisando os processos de ativismo judicial que precederam os governos de Hitler e Bolsonaro, as filosofias de ambos os regimes, o enrijecimento e os danos que eles produziram em suas respectivas sociedades.

No segundo semestre de 2021, após todas as ações e omissões da administração criminosa de Bolsonaro e do seu secto de lunáticos ao longo dos últimos 33 meses, mas, sobretudo, durante a crise da Covid-19, o Brasil finalmente encontra-se no vórtice da tempestade perfeita: mais de 600 mil mortes em decorrência da pandemia, escândalos de corrupção e desvios do governo, um colapso econômico, com desemprego recorde acima de 14%, atingindo mais de 14 milhões de pessoas, especialmente a parcela mais jovem, taxa de conversão do dólar em R$ 5,50, litro da gasolina sendo vendido por até R$ 7, o botijão de gás de cozinha de 13 quilos em R$ 120, aumento da desigualdade social de forma expressiva na comparação com os anos anteriores (processo que se acentuou em virtude de medidas econômicas neoliberais adotadas antes da pandemia sequer chegar ao Brasil), pobreza assombrando quase 52 milhões (menos de R$ 5,50 por dia), pobreza extrema afetando 13,7 milhões e a destruição acentuada do meio ambiente e do parque industrial nacional, com demissões maciças nas iniciativas pública e privada, além de grandes empresas multinacionais deixando o mercado brasileiro.

Com a economia devastada, o segundo maior número de óbitos registrados em decorrência da doença em todo o planeta, a explosão da violência, da criminalidade e da intolerância, escândalos de corrupção do governo federal, desavenças internas e externas de todas as ordens, todos os indicadores sociais apontando a deterioração dos padrões de vida e o desmatamento recorde das suas florestas e regiões de preservação, a nação viu-se confrontada com os efeitos práticos que utilizar o ódio, o medo e os elitismos histórico-culturais combinados às redes sociais digitais para eleger os seus líderes representativos acarretam, invariavelmente. Assim, lamentavelmente para o Brasil, a ascensão do bolsonarismo ainda coincidiu com a pior pandemia do século.

Apesar do jogo político se dar com base no embate de narrativas muitas vezes antípodas, fatos sempre serão fatos e os indicadores sociais existem para demonstrá-los. Ou seja, não se pode "discordar" das mortes causadas pela doença, do valor da gasolina, das reservas internacionais, do Produto Interno Bruto, do gás de cozinha, dos alimentos ou do dólar, por exemplo.

Esses indexadores refletem parâmetros práticos e concretos da vida social cotidiana que independem da interferência de quem os observa de forma imediata. Portanto, não são questões abstratas ou partidárias, sujeitas a diferentes interpretações nesse sentido. O bolsonarismo potencializou amplamente os estragos da pandemia no Brasil. Fato. Cabe avaliar a extensão dos danos e as possíveis saídas e implicações dessas ações criminosas nos próximos anos.

Contudo, o bolsonarismo será superado. Estamos em um processo social evolutivo e histórico-cultural. Apesar de não acontecer de forma linear, essa marcha humana não será interrompida por nenhuma força social. Muitos déspotas fizeram uso desses elitismos históricos, do ódio e do medo para realizar a manutenção dos seus poderes durante certo período em diferentes lugares do mundo ao longo dos milênios.

Ainda assim, essa dinâmica não parou porque todas essas figuras autoritárias que precederam a nossa época existiram. Pelo contrário, esses ideólogos do caos foram parte do processo de desenvolvimento, porque foi preciso que as crises se agudizassem para que em seguida o avanço se consolidasse. Vale ressaltar, além disso, que essa luta deve ser respaldada por uma "análise racional das evoluções históricas passadas, com tudo que elas encerram de positivo e negativo", conforme sugere Thomas Piketty, no livro Capital e ideologia. Em suma, precisamos aprender com a nossa própria trajetória humana para sermos capazes de construir realidades distantes do que rechaçamos considerando o passado.

De muitas maneiras, do médio para o longo prazo, a eleição de Bolsonaro e a ascensão do bolsonarismo servirão propósitos elementares para fomentar o desenvolvimento das forças sociais contra hegemônicas e progressistas ao longo deste século. O problema mais sério diz respeito ao cenário que pode se produzir nas próximas três décadas com base nessas filosofias sociopolíticas, a exemplo do que aconteceu na primeira metade do século passado na Europa.

Conforme aponto nos livros Tempestade perfeita: o bolsonarismo e a sindemia covid-19 no Brasil (Contracorrente) e A ascensão do bolsonarismo no Brasil do século XXI (Kotter), o Brasil vem se transformando em uma espécie de teocracia evangélica de caráter miliciano, fragmentada em todos os sentidos, com ênfase absoluta no agronegócio e no trabalho informal, frágil e a serviço do capital financeiro estrangeiro, fundamentalmente.

O golpe organizado pela direita liberal e setores do Poder Judiciário e da mídia brasileira em 2016 acelerou esse processo de forma alarmante, empobrecendo a subjetividade e estimulando ainda mais a racionalidade neoliberal entre a população brasileira.

A administração Bolsonaro representa a manifestação mais agressiva desse processo, porque, a partir de 2019, o bolsonarismo evoluiu as forças obscurantistas que o criaram para o nível seguinte de degradação e despolitização social. Os elitismos histórico-culturais e os sentimentos de antipetismo, antissistema e o ativismo judicial (Lava Jato) foram catalisados no projeto que destruiu o Brasil e agora ameaça, derradeiramente, a democracia nacional em 2022.

Apoiado por uma parcela do empresariado, pelas alas mais fisiologistas da política nacional e pela terceira parte mais radical, dogmática e elitista do eleitorado brasileiro, o bolsonarismo, frente à iminência da derrota, deverá seguir a cartilha de Donald Trump para tentar judicializar as eleições de 2022 ou até mesmo declarar uma espécie de Lei Marcial, Estado de Defesa ou Estado de Sítio para estabelecer o controle militar da nação, aprofundando a ruptura da democracia brasileira que foi iniciada com o golpe parlamentar de 2016 e avançando o projeto teocrático, dogmático e miliciano que assombra o futuro.

Evidentemente, estudos, livros, artigos, dados ou fatos não serão capazes de esclarecer a perspectiva de pelo menos algumas dezenas de milhões de eleitores antes do próximo pleito presidencial. Caberá, portanto, aos cidadãos que se omitiram nas últimas eleições – e que representam uma parcela significativa da população brasileira – garantir que o projeto do bolsonarismo seja definitivamente derrotado em 2022 de forma a caminharmos rumo ao processo de reconstrução nacional, após a tempestade perfeita que foi causada pela interseção entre o próprio bolsonarismo e a Covid-19 no Brasil, com base em um modelo de democracia mais participativa do que representativa ao longo das próximas décadas.

Le Monde Diplomatique Brasil, 20 de outubro de 2021.

40
O APOIO INCONDICIONAL AO PRESIDENTE CUSTA CADA VEZ MAIS CARO AOS BOLSONARISTAS

Você certamente tem amigos ou parentes racistas, homofóbicos e misóginos (elitistas, enfim). Mas que, até a ascensão do bolsonarismo, escondiam-se atrás do que antes chamávamos de "social-democracia". A partir de 2016, no que seria o início da ascensão do bolsonarismo no Brasil, houve uma reorganização da estrutura social brasileira. Não somente nos âmbitos coletivos (trabalho, clube, mercado etc.), mas no cerne das famílias e das relações mais próximas.

Melhores amigos brigaram. Irmãos discutiram. Pais e filhos, aos gritos, se desentenderam . Foi um período muito conturbado.Sob o bolsonarismo, aquele tio que faz piadinhas no almoço sobre gays e negros e que diz que mulher não sabe dirigir mostrou a cara.

Mais de 605 mil mortos depois e diante de um colapso estabelecido em todas as searas da vida brasileira, as poucas figuras que ainda defendem publicamente o bolsonarismo pagam um preço cada vez mais alto por isso.

Ao se alinharem à cruzada do presidente contra a democracia, a ciência e as lutas civilizatórias modernas, apoiadores como Sara Winter, Allan dos Santos, Daniel Silveira e Roberto Jefferson foram detidos ou tiveram as suas prisões decretadas. Ou seja, pagaram com a liberdade pelos erros que cometeram.

Outros dois exemplos de o quanto tóxico o bolsonarismo se tornou são os artistas Sergio Reis e Amado Batista. Depois de gravar um vídeo ameaçando o Judiciário e incitando atos antidemocráticos, o "menino da porteira" passou de astro a investigado pela Polícia Federal. Perdeu shows, contatos, prestígio e, para evitar a prisão, calou-se. Batista — assim como outros cantores sertanejos, alguns aconselhados pelo próprio Sergio Reis — enveredou pelo mesmo caminho: notificado pela Justiça a prestar esclarecimentos, também recuou.

Essa semana, o jogador de vôlei Maurício Souza foi dispensado pelo Minas Tênis Clube, após uma série de postagens homofóbicas feitas no Instagram. O atleta chegou a pedir desculpa, mas ainda assim foi demitido pelo clube, que afirmou, via Twitter: "COMUNICADO OFICIAL - MAURÍCIO SOUZA O Minas Tênis Clube informa que o atleta Maurício Souza não é mais jogador do Clube".

Invariavelmente, os bolsonaristas recorrerm a dois argumentos falaciosos quando confrontados com as consequências das suas próprias escolhas e condutas: os valores da "família tradicional" e a liberdade de expressão.

Vale analisar ambos sob a luz da Constituição. Nesse contexto, a família (Art. 226) não exclui a possibilidade de outros modelos de entidade familiar: "§ 7º Fundado nos princípios da dignidade da pessoa humana e da paternidade responsável, o planejamento familiar é livre decisão do casal, competindo ao Estado propiciar recursos educacionais e científicos para o exercício desse direito, vedada qualquer forma coercitiva por parte de instituições oficiais ou privadas".

Em seguida, o princípio da liberdade de expressão (artigos 5º e 220) consagra: "(...) é livre a manifestação de pensamento, sendo vedado o anonimato" e que fica impedida "(...) toda e qualquer censura de natureza política, ideológica e artística". Evidentemente, essas resoluções não se aplicam para crimes previstos pela própria Carta Magna, como racismo e homofobia.

Crimes não se aplicam à categoria da liberdade de expressão, porque ferem o direito dos outros membros que constituem a República. Além de extremamente imorais, essas posturas caracterizam crimes e, conforme notamos de forma explícita no atual momento sociopolítico que vivemos, custam muito caro aos seus perpetradores.

Carta Capital, 28 de outubro de 2021.

41
MAIS DO QUE ISOLADO, BRASIL DE BOLSONARO É OBJETO DE DESPREZO INTERNACIONAL

A política externa de um país é o maior conjunto de políticas públicas exercidas por determinada nação frente à sociedade internacional. Trata-se do tipo de política que representa a coletividade brasileira perante o mundo e que, portanto, historicamente foi formulada com base em teorias basilares das Relações Internacionais, como reciprocidade, equidistância e pragmatismo, tal qual fazem basicamente todas as principais sociedades civis modernas. Ao longo dos últimos três anos, entretanto, o bolsonarismo simplesmente passou por cima de todos esses parâmetros.

A ausência de reuniões de peso com outros chefes de Estado na agenda do presidente brasileiro durante a reunião do G20, na Itália, reflete a falta de responsabilidade com que o governo Bolsonaro conduziu a política externa brasileira desde o início do seu mandato e demonstra a extensão do trágico isolamento ao qual o Brasil foi submetido, consequentemente.

O Itamaraty, antes principal formulador da Política Externa Brasileira, foi relegado ao papel de observador/organizador, na melhor das hipóteses, das estratégias que foram tomadas pelos núcleos mais fundamentalistas do gabinete da gestão Bolsonaro e, atabalhoadamente, pelo próprio presidente da República.

Até esse ponto, Bolsonaro é um dos pouquíssimos presidentes que não tem reuniões agendadas com outros chefes de Estado, exceto pelo presidente italiano, Sergio Mattarella, que deve receber todos os outros líderes por ser o anfitrião do evento.

Em seguida, os principais representantes da sociedade internacional seguem a Glasgow, na Escócia, para a COP 26, evento ao qual Bolsonaro não comparecerá, porque, segundo o seu próprio vice-presidente, "todo mundo jogaria pedra nele". Assim, incapaz de defender qualquer interesse brasileiro, Bolsonaro foi fazer turismo na Europa, literalmente, para evitar o apedrejamento moral.

Mas o isolamento do Brasil tem consequências muito mais nefastas que não podem simplesmente ser evitadas com um passeio pelo Velho Mundo, como pretende o presidente ao afirmar que tem muita popularidade com o eleitorado nacional para Erdogan, o líder autoritário da Turquia.

Após anos de uma política externa inconsequente, inepta, que se prestou ao papel de capacho do governo Trump mesmo meses após a derrota do ex-presidente estadunidense, e elaborada exclusivamente para atender aos interesses dos ruralistas, dos evangélicos, dos militares e dos antiglobalistas, o Brasil criou diversos pontos de atritos junto à sociedade internacional.

Nesse sentido, o termo "isolamento" é um certo eufemismo para a atual situação brasileira. A integração regional da América do Sul, a crise com o mercado árabe, os conflitos com a França, com a China e com a Argentina, a falência do acordo do Mercosul com a União Europeia, a devastação das áreas de preservação e florestas nacionais e todos os impropérios que Bolsonaro reiteradamente efetivou durante a pandemia criaram uma degradação sem precedentes da nossa imagem frente ao restante do planeta.

Infelizmente, esse cenário está consolidado e, hoje, o Brasil tem interlocução somente com os países mais autoritários e retrógrados do mundo. Culpar o "mercado", a Petrobras, a imprensa e agir como geralmente lhe é de costume no seu "cercadinho", mentindo e inventando factoides, não surtirá efeito no jogo da geopolítica global.

A organização da política externa de um país como o Brasil funciona como a navegação de um imenso transatlântico. As determinações de rotas e destinos demoram a fazer efeito e devem ser pensadas com muita cautela, com base em conhecimentos técnicos e científicos que foram previamente consolidados. Sob Bolsonaro, a embarcação brasileira está perdida no meio do oceano e prestes a naufragar à deriva.

UOL, 31 de outubro de 2021.

42
O IDIOTA CONSTRANGE A COMUNIDADE INTERNACIONAL

Em menos de três anos de governo Bolsonaro, a Política Externa Brasileira, conhecida como PEB pelos profissionais, acadêmicos e estudantes de Relações Internacionais, sofreu a maior reviravolta da sua história e tornou-se a Política Externa Bolsonarista, para a qual serve o mesmo acrônimo. O Itamaraty, antes principal formulador, foi relegado ao papel de observador/organizador, na melhor das hipóteses, das decisões que são tomadas pelos núcleos mais fundamentalistas do atual gabinete da gestão Bolsonaro e, atabalhoadamente, pelo próprio presidente.

Nesse período, a PEB, bolsonarista, removeu a população LGBTQIA+ da lista de políticas e diretrizes destinadas à promoção dos Direitos Humanos do Governo Federal do Brasil, retirou o país do Pacto de Migração da ONU, liberou a posse de armas de fogo no território nacional, renunciou ao tratamento especial que tinha como país emergente na Organização Mundial do Comércio, derrubou a exigência de visto para os estadunidenses, agrediu com ofensas de caráter pessoal a esposa do presidente francês, Brigitte Macron, reivindicou a ditadura chilena de Pinochet ao atacar o pai de Michelle Bachelet, Comissária dos Direitos Humanos das Nações Unidas, e deixou, em ato de submissão sem precedente na nossa história, dois navios iranianos, o MV Bavand e o MV Termeh, desabastecidos por quase cinqüenta dias no Porto de Paranaguá, no Paraná: a Petrobras se negou a abastecer as embarcações, porque o governo iraniano estava sob sanções aplicadas pelos Estados Unidos.

Isso para citar apenas alguns dos impropérios impensáveis que o Brasil adotou sob o governo bolsonarista no que diz respeito a formulação e implementação da política externa brasileira desde 2019.

Para muito além de simplesmente isolar o país, essas medidas são inconstitucionais – conforme os parâmetros que foram consagrados na Constituição Federal de 1988 – e, portanto, caracterizam crimes contra a Lei Maior brasileira.

Contudo, Bolsonaro conseguiu alcançar um novo patamar de constrangimento para a sua gestão e a própria nação, de forma mais ampla, durante as reuniões do G20 e da COP 26, que reuniram as principais lideranças do planeta na Itália e na Escócia ao longo da última semana, respectivamente.

Completamente isolado no primeiro evento, Bolsonaro sequer compareceu ao segundo. Enquanto chefes de estados de diferentes países defendiam os interesses das suas respectivas populações, tratavam dos problemas do mundo e costuravam acordos bilaterais, o presidente brasileiro tentou fazer "piadinhas" com os garçons que, educadamente, o dispensaram.

Além do isolamento absoluto e da completa ausência de resultados significativos à diplomacia nacional, Bolsonaro confundiu o nome de Matteo Salvini, um dos pouquíssimos políticos (da extrema direita italiana) que aceitou se reunir com ele publicamente, o chamando de "Salvati", pisou no pé de Angela Merkel, literalmente, e trocou o nome de John Kerry, enviado especial dos Estados Unidos para questões climáticas, por Jim Carrey, o humorista estadunidense.

A resposta da imprensa internacional foi imediata. Alguns dos principais jornais, revistas e programas de televisão dos Estados Unidos e da Europa zombaram, impiedosamente, do presidente brasileiro, retratando-o como uma espécie de palhaço atrapalhado e deprimente junto aos principais representantes da comunidade global.

Cômico para eles, trágico para o Brasil. Em apenas alguns dias, Bolsonaro conseguiu a façanha de ridicularizar a Presidência da República Federativa do Brasil de forma sem precedentes no que diz respeito a participação de um chefe de estado brasileiro junto ao concerto das maiores nações do mundo. Um verdadeiro bobo da corte da sociedade internacional.

Focus, 5 de novembro de 2021.

43
DEPUTADO BOLSONARISTA ESCANCARA A CORRUPÇÃO NORMATIVA DO GOVERNO

O bolsonarismo ascendeu na esteira da operação Lava Jato, o conluio jurídico-midiático que avançou a falácia do "combate à corrupção" no Brasil, sobretudo, entre os anos de 2016 e 2018, quando Jair Bolsonaro foi eleito à chefia do Executivo e Sergio Moro assumiu como o seu ministro da Justiça.

Para os mais incautos, Moro e Bolsonaro traziam um ar de esperança considerando o fim da corrupção no país, como se esta não fosse uma dimensão endêmica, histórica e cultural do nosso desenvolvimento enquanto nação e pudesse ser aniquilada por apenas duas pessoas em um período curtíssimo.

Três anos depois, o deputado federal Delegado Waldir (PSL-GO), que prometera "implodir o governo" e chamou o presidente de "vagabundo", traz ao escrutínio público a corrupção normativa que rege, não somente o funcionamento do governo Bolsonaro, mas toda a estrutura parlamentar do Congresso Nacional sob o atual presidente.

Em entrevista para a coluna, Guilherme Howes, antropólogo e professor universitário, afirma que "o discurso anticorrupção é, historicamente, uma pauta política constante. Por diferentes vieses, ele está mais ou menos presente em praticamente todos os matizes ideológicos: no discurso moralista anticorrupção e do restabelecimento higienista da ordem da Alemanha de Hitler, na expressão 'mar de lama' utilizada pelos opositores do presidente Getúlio Vargas, com Jânio Quadros distribuindo vassourinhas para seus eleitores durante a campanha presidencial de 1960, com a eleição de Collor, o 'Caçador de Marajás etc.'"

Para o antropólogo, é preciso ressaltar que a ideia de corrupção só é inteligível dentro de um contexto republicano, porque a noção de público é nevrálgica neste contexto e a percepção das 'coisas' (do latim rés) como pertencentes a um todo abstrato, isto é, o público, é a ideia central.

Ainda de acordo com ele, "em nosso tempo, estou convencido de que passamos qualitativamente a um certo 'outro estágio' de agenda anticorrupção. É um salto qualitativo na medida que passa do discurso à prática, do nível retórico ao nível da ação. A síntese acabada dessa hipótese de trabalho é o que Bolsonaro declarou no dia 7 de outubro de 2020, dizendo que acabou 'com a Lava Jato, porque não tem mais corrupção no governo'. Somente será corrupção aquilo que os adversários, no caso do governo Bolsonaro, os inimigos, fazem. E como isso acontece? Eu explico. É tão simples quanto óbvio. Contemporaneamente, ela (a corrupção) se torna normativa e assim deixa de ser combatida. Ela é transformada na própria regra. O crime se institucionaliza, em vez de ser combatido".

Trata-se da corrupção enquanto norma, conceito teórico de corrupção normativa ao qual o professor Howes se refere e que o deputado federal Waldir Soares de Oliveira, do PSL, demonstrou minuciosamente ao site The Intercept na prática: R$ 10 milhões em emendas do orçamento secreto para cada deputado que votasse em Arthur Lira (PP-AL) para a presidência da Câmara dos Deputados. Segundo o deputado, o Bolsolão, como foi intitulado esse esquema de compra de votos do governo Bolsonaro, também se aplicou em outras ocasiões, como a reforma da Previdência.

Em uma confissão estarrecedora, o bolsonarista diz "ter recebido a oferta de R$ 10 milhões em emendas em troca do voto em Lira. Pode ter sido até mais. Waldir, em dado momento da conversa, disse que outros R$ 10 milhões foram acordados no mesmo período, mas ele não soube precisar se também em troca do voto em Lira ou da aprovação de algum outro projeto à época", segundo a reportagem, na qual se afirma, categoricamente: "quem manda no governo hoje é o (Arthur) Lira. Não é o Bolsonaro, é o Lira".

Vale ressaltar que, em vez do que aconteceu com os escândalos do Mensalão e da Lava Jato, o depoimento do deputado bolsonarista não foi obtido por meio de coerções ou delações premiadas. O delegado Waldir decidiu expor o que sabe, ao que tudo indica, por motivos relacionados a exigências orçamentárias e de ordens pessoais.

Cabe agora, portanto e novamente, aos órgãos competentes (PGR e MPF) tomar as devidas ações investigativas e à parcela da população que bradou o fim da corrupção em 2016 sair às ruas para exigir que a justiça seja feita, certo? Sim, mas é pouquíssimo provável que isso aconteça, de fato. Como sabemos, esse nunca foi o motivo principal da indignação pública, já que, sob o nosso modelo de democracia e sociabilidade, a corrupção é uma norma naturalizada de organização social, principalmente no governo Bolsonaro.

UOL, 21 de novembro de 2021.

44
CRIANÇAS BRASILEIRAS SÃO AS NOVAS VÍTIMAS DO BOLSONARISMO

Ao longo dos últimos três anos, a população brasileira foi confrontada com todos os tipos de atitudes absurdas por parte do governo Bolsonaro. Desde março de 2020, contudo, o bolsonarismo passou a mostrar a sua face mais nefasta.

Aliado ao coronavírus, o bolsonarismo negou a ciência, estimulou o ódio contra os profissionais que lutaram contra a doença e produziu um verdadeiro caos em todas as searas da vida social do país. A interseção entre o atual governo federal e a pandemia produziu uma espécie de tempestade perfeita, conforme ressaltado em outros artigos publicados nessa coluna, com mais de 618 mil vítimas fatais até esse ponto.

A despeito de toda essa catástrofe, nenhuma outra medida poderia ser mais cruel e sintomática, considerando a verdadeira natureza do bolsonarismo, do que a oposição exercida contra a vacinação infantil ao longo dos últimos dias.

Ao se negar a conduzir a imunização infantil imediatamente, a exemplo do que vem sendo feito em diversos países ao redor do mundo, o governo Bolsonaro transforma as crianças brasileiras nas suas mais recentes vítimas e demonstra não possuir limites para as suas insanidades na direção de fidelizar a parcela, cada vez mais reduzida e fanática, da população que ainda o apoia.

Expor crianças ao risco de morte por conta de cálculos políticos é de uma perversidade pouquíssimas vezes registrada, mesmo entre os regimes e governos mais despóticos e distópicos da história.

No embate criado pelo bolsonarismo contra a Anvisa, um tempo precioso e, consequentemente, as vidas das crianças brasileiras estão se perdendo.

Além disso, em meio à ascensão de uma nova variante que é extremamente contagiosa, a imunização deficitária também compromete toda a população brasileira de forma mais ampla.

Infelizmente, o bolsonarismo conseguiu criar dúvidas de todas as ordens, o que levou à judicialização de um tema sobre o qual as autoridades médicas e sanitárias não têm dúvidas: as crianças de 5 a 11 anos devem ser vacinadas. Com o prazo fixado pelo STF, o governo deve anunciar uma posição a respeito apenas a partir de 5 de janeiro. Ou seja, mais de duas semanas perdidas por uma dimensão meramente política, assim como aconteceu no início da pandemia, em março de 2020.

Historicamente, quando existem competências concorrentes entre a União e os entes federativos, o STF esteve inclinado a manter a centralização na autoridade federal em detrimento dos poderes locais e tem sido centralizador e uniformizador da atividade legiferante nacional. Assim, os conflitos de competência são tipicamente decididos contra o poder local, segundo especialistas em direito constitucional consultados por essa coluna.

Ou seja, a centralização (planejamento e coordenação central) é percebida como algo positivo ou de necessidade prática em muitos casos quando existem divergências sobre determinadas atribuições. Durante a pandemia, contudo, o STF deliberou por um nível maior de autonomia estadual, considerando as respostas elaboradas contra a covid-19. Fundamentalmente, porque o governo federal não apresentou qualquer planejamento estruturado para lidar com a crise no âmbito nacional. A Corte entendeu que centralizar as atenções em uma administração inepta seria inviável e agravaria ainda mais o cenário brasileiro.

A Carta Magna do Brasil (1988) determina quem tem poder para fazer o que e quando. Contudo, esse desenho não é muito claro e oferece margens para interpretações. Existem competências materiais (executar tarefas) e legislativas (legislar sobre casos) que muitas vezes ficam sobrepostas a cargo da União, dos estados e municípios.

O STF, por ser o tribunal constitucional, acaba sendo a última instância considerando a disputa desses conflitos sobre o que significam essas normas constitucionais com relação às competências. O que a literatura científica vem comprovando é que, na maior parte dos casos, existe uma inclinação maior do STF em direção a dar mais prerrogativas e poderes à União quando existem conflitos de competências.

Na pandemia, dada a ausência de planejamento e da articulação da autoridade central no sentido de estabelecer um plano claro de combate à doença em todos os estados e municípios, o STF vem tentando neutralizar a interferência do bolsonarismo, que nesse caso contraria, reiteradamente, a ciência e cria todos os tipos de problemas. Ainda assim, nesse caso, caberá ao Ministério da Saúde, ainda que contra a sua vontade, anunciar à sociedade uma decisão final sobre a vacinação infantil.

Com todas as mortes, crises e destruição que foi produzida até aqui, ao que tudo indica, o bolsonarismo segue engajado no seu projeto genocida. O agravante inacreditável, nesse momento, é que os novos alvos do governo Bolsonaro são as crianças brasileiras.

UOL, 22 de dezembro de 2021.

45
NEGACIONISMO E POLÍTICA DA MORTE LEVAM, NOVAMENTE, À LOTAÇÃO DE UTIS

A ciência, sobretudo no que diz respeito às disciplinas médicas e exatas, é assumida como parâmetro básico para as formulações nessas searas por um simples motivo: ela funciona. Em meio a um novo aumento na ocupação das UTIs em todo o Brasil e nas ocorrências de mortes por conta da variante Ômicron, dados demonstram que algo em torno de 80% e 90% das pessoas que hoje estão internadas em diferentes estados não se vacinaram completamente.

Em entrevista à coluna, Ivan Paganotti, doutor em Ciências da Comunicação pela Universidade de São Paulo (USP) e professor da Universidade Metodista de São Paulo (PósCom/UMESP), que estudou a estratégia de comunicação do bolsonarismo no início da pandemia no Brasil, explica como as notícias falsas, que foram disseminadas por meio de pulsos de desinformação nos grupos bolsonaristas, ajudam a explicar o fracasso brasileiro no enfrentamento da covid-19.

Durante a primeira onda, em janeiro (de 2020), quando o Brasil ainda não tinha vítimas confirmadas da pandemia, esses grupos bolsonaristas de WhatsApp já estavam disseminando teorias da conspiração considerando a origem do vírus e a possível participação chinesa na produção da doença com fins geopolíticos e econômicos.

No segundo momento, entre março e abril de 2020, quando surgiram os primeiros casos confirmados da doença no país e a população brasileira estava assustada com a possibilidade da contaminação, os grupos de WhatsApp bolsonaristas começaram a falar em prevenção, remédios caseiros e chá com limão, por exemplo. "(...) Uma espécie de defesa mágica (contra o vírus) para que as pessoas pudessem continuar vivendo de forma natural — instrumentalizar a saída — como se a doença não existisse ou não representasse um grande risco à população", explica Paganotti.

A terceira onda, que ocorreu entre o fim de abril e o começo de maio de 2020, também foi sobre supostas curas e tratamentos contra a doença. Com ela, veio a questão da cloroquina, que se tornou um instrumento "identitário do bolsonarismo, quase tão expressivo quanto o símbolo de representar as armas utilizando as mãos", compara o pesquisador. "Utilizando o Diagrama de Venn, os círculos que englobam as pessoas que eram bolsonaristas e as pessoas que defendiam o uso da cloroquina apresentavam um alinhamento muito grande", complementa Paganotti.

Na quarta onda houve uma seletividade das fontes médicas utilizadas neste sentido. Quando os estudos reforçavam a visão bolsonarista, eles eram compartilhados com mais ênfase. Quando eles demonstraram o contrário, os trabalhos eram ignorados (pelos grupos de WhatsApp bolsonaristas). Sem qualquer critério, além do alinhamento ideológico com o bolsonarismo. Naquele momento, também surgiram especulações sobre caixões vazios sendo enterrados, hospitais sem pacientes e unidades de saúde que estariam deliberadamente provocando a morte de pessoas que eram internadas com a covid-19.

Estas ideias vinham acompanhadas de imagens sem contexto que eram, geralmente, de hospitais que haviam sido inaugurados em anos anteriores ou de denúncias de fraude de seguros. Elas foram usadas para reforçar que as pessoas não estavam morrendo e a população estava sendo enganada. Como mencionado anteriormente, o objetivo central era garantir que a população ignorasse as recomendações de distanciamento social para manter a economia aquecida.

Em maio de 2020, uma quinta onda de desinformação apresentou dados deturpados de cartórios brasileiros, comparando anos inteiros com períodos de apenas três ou quatro meses, para avançar o raciocínio de que o número de mortos em 2020 não era superior ao registrado em anos anteriores por conta de gripes comuns.

"Muitos veículos e jornalistas conhecidos no âmbito nacional, como Alexandre Garcia, por exemplo, utilizaram estes dados oficiais que foram interpretados com o propósito específico de relativizar a seriedade da crise sanitária, o que acabou por confundir ainda mais a população", acrescenta o professor. Esta semana, por exemplo, o escritor Olavo de Carvalho, que afirmava veementemente que a pandemia não mataria ninguém, morreu de covid-19.

A sexta e última onda inicial de desinformação ocorreu entre os meses de junho e julho de 2020 e abordou o tema das vacinas e possíveis tratamentos. Quando o debate público se voltou para este tema, os grupos bolsonaristas começaram a questionar a eficácia das vacinas, estratégia que foi adotada por Bolsonaro.

"Faz sentido de acordo com a lógica de radicalização (da sociedade) que segue o bolsonarismo. Ou seja, existe um movimento 'anti-vacinas' que se fortalece a partir deste momento e que tinha uma proximidade com as ideias avançadas pelo [então presidente dos Estados Unidos] Donald Trump", pondera Paganotti. Trump voltou atrás, Bolsonaro insistiu no erro e conduziu todos os seus seguidores para o destino derradeiro dos negacionistas.

Compreensivelmente, a parcela da população que ainda defende o bolsonarismo é a principal vítima das ideias avançadas pelo presidente da República e o seu gabinete de lunáticos. Essas pessoas acreditaram nas mensagens doentias que foram emitidas desde o início da pandemia e seguem pagando extremamente caro, muitas com as próprias vidas, inclusive. Nesse sentido, a política do negacionismo é, também, a política da morte.

UOL, 27 de janeiro de 2022.

46
"AMARELADA" DE BOLSONARO DESMORALIZA INSTITUIÇÕES DO PAÍS

Intimado a depor hoje (28) na Polícia Federal (PF), o presidente Jair Bolsonaro decidiu, simplesmente, ignorar a determinação do ministro Alexandre de Moraes, do Supremo Tribunal Federal (STF), instância superior responsável por sustentar todo o ordenamento jurídico nacional e, em última análise, a própria composição das instituições que formam a República Federativa do Brasil.

Ao desrespeitar, deliberadamente, uma ordem judicial emitida pela maior instância do Poder Judiciário, Bolsonaro consegue, em um único movimento, desmoralizar o STF, a Polícia Federal e a própria Presidência da República.

Sem dúvida, cabe argumentar que a Constituição Federal de 1988 garante o direito ao silêncio aos investigados. Contudo, alguns pontos devem ser considerados: (1) Bolsonaro não foi conduzido coercitivamente, porque, apesar da obrigatoriedade ao comparecimento, o ministro Moraes deu o prazo de sessenta dias, que termina hoje, para o presidente se apresentar voluntariamente. Além disso, ele poderia (2) permanecer calado enquanto estivesse na Polícia Federal.

Nesse contexto, seguramente, torna-se pertinente a discussão sobre a constitucionalidade da determinação do ministro Alexandre de Moraes, apesar de haver sérios indícios que apontam a prática de inúmeros crimes pelo presidente, que, por sua vez, tenta evitar o confronto com a PF a qualquer custo.

Apesar de caber o debate sobre a legalidade da convocação, o que é extremamente claro — e não carece de maiores esclarecimentos — é o medo de Bolsonaro, que se esconde atrás da Advocacia-Geral da União (AGU), bem como o lamaçal de descrédito no qual o presidente brasileiro enfia toda a institucionalidade do país.

Recorrendo à sabedoria popular, poderíamos lembrar que "quem não deve não teme". Por que Bolsonaro tem tanto medo? Entre os anos de 2016 e 2018, Lula enfrentou processos coercitivos e todos os tipos de decisões arbitrárias por parte de Sergio Moro, que era um juiz de primeira instância na ocasião e desrespeitou absolutamente todos os direitos e garantias constitucionais do ex-presidente.

Ainda assim, Lula compareceu às determinações judiciais e encarou o agora ex-ministro bolsonarista de cabeça erguida. O fez por entender que, simplesmente, ignorar a institucionalidade brasileira seria o equivalente a lançar o país na incerteza da barbárie que caracterizou os próprios métodos lavajatistas, conforme reconheceu o STF posteriormente.

Ao citar as "interferências no Executivo" como desculpa para não assumir as responsabilidades pelos seus atos, Bolsonaro sinaliza, como sempre fez, aliás, que o seu projeto de poder é autocrático e que, assim sendo, está disposto a desmoralizar, por completo, qualquer instituição que ouse desafiá-lo.

UOL, 28 de janeiro de 2022.

47
NORDESTINOS E MULHERES DERROTARÃO O BOLSONARISMO EM OUTUBRO

Jair Bolsonaro segue atirando no próprio pé, mesmo considerando os seus padrões esdrúxulos de fazer política. Entre ontem e hoje, o presidente brasileiro cometeu erros grosseiros para qualquer figura que pleiteia a Presidência da República.

Ao utilizar o termo "pau de arara" para se referir a nordestinos e afirmar que "segundo as pesquisas, as mulheres não votam em mim", Bolsonaro joga outra pá de areia sobre a sua já combalida campanha presidencial. Estamos falando de bom senso e do domínio da aritmética elementar, dois elementos que o presidente já demonstrou não possuir.

Nas últimas eleições (municipais de 2020), 148 milhões de pessoas estavam aptas a votar em 5.568 cidades brasileiras, segundo dados do Tribunal Superior Eleitoral (TSE). Nesse contexto, a região nordeste abriga o segundo maior colégio eleitoral de todo o país: 40.654.818 eleitores (27,01% do total).

O Nordeste somente perde em número de eleitores para o Sudeste, que tem 64.720.797, ou 42,99% dos aptos a votar. O Sul conta com 14,47% dos eleitores (21.781.949 de eleitores), a região Norte com 11.908.196 (7,91%) e o Centro-Oeste com 10.943.887 (7,27% do total).

Quando assume publicamente que "segundo as pesquisas, as mulheres não votam em mim, a maioria vota na esquerda", o presidente, ao buscar desqualificar os institutos de pesquisa, comete outro equívoco memorável: traz novamente ao escrutínio público a lembrança de que, antes mesmo de ser eleito à Presidência da República, ele disse que a sua própria filha nascera mulher por conta de uma "fraquejada". Dados da Justiça Eleitoral demostram que 52% do eleitorado brasileiro é formado por mulheres: 77.076.395 até a presente data.

Dessa forma, Bolsonaro consegue, gratuitamente, se desgastar frente à ampla maioria da população da qual ele depende para tentar o seu cada vez mais distante sonho de reeleição. Difícil compreender qual seria a "lógica" bolsonarista nesse sentido, caso exista alguma. Bolsonaro parece agir por impulso, como um trator em uma loja de porcelana, quando deveria medir as suas palavras e ações de forma cirúrgica.

Evidentemente, o presidente e os seus seguidores não têm elementos ou cultura para agirem de forma resiliente. Contudo, arroubos dessa ordem beiram o próprio suicídio político e agudizam a situação paradoxal na qual o bolsonarismo está enfiado a essa altura da disputa eleitoral: enquanto eles ajudam a fidelizar a parcela elitista, limítrofe e dogmática da população que ainda se alinha com o presidente, tais atos também reduzem esse grupo para um número cada vez menor de seguidores e aumentam a ojeriza de todo o restante da população.

Muito provavelmente, o peixe morrerá pela boca e as mulheres e os nordestinos serão fundamentais à derrota bolsonarista em outubro desse ano.

UOL, 4 de fevereiro de 2022.

48
ARTHUR DO VAL É O "CIDADÃO DE BEM" QUE ELEGEU BOLSONARO

Entre 2013, a partir das Jornadas de Junho, e 2018, uma boa parte da população brasileira, sobretudo, mas não exclusivamente, homens, brancos, heterossexuais e pertencentes às camadas socioeconômicas mais abastadas, bradaram o "fim da corrupção" e foram às ruas vestidos com as camisetas da seleção brasileira de futebol a fim de "moralizar o Brasil".

Autointitulados "cidadãos de bem", essas pessoas, a despeito de todas as suas falhas éticas e morais, sentiram-se aptas a oferecer lições de caráter aos "políticos corruptos" do país. Em ampla medida, tamanha hipocrisia resultou na ascensão do bolsonarismo e, nesse contexto, apesar de atualmente se posicionar contra o presidente da República, Arthur do Val é o exemplo perfeito do "cidadão de bem" que elegeu Jair Bolsonaro.

Conhecido como Mamãe Falei, o deputado estadual por São Paulo ganhou algum destaque na política institucional atacando o ex-presidente Lula, com a pauta do "combate à corrupção", e figuras como o padre Júlio Lancellotti, a quem chamou de "cafetão da miséria".

Liberal que vive do salário que lhe é pago pelo Estado, Arthur do Val é o sintoma mais evidente de uma sociedade doentia, que faz tudo para lacrar nas redes sociais — como postar uma foto dizendo que está fazendo coquetéis molotov na Ucrânia — e age de forma absolutamente sem escrúpulo quando ninguém está olhando — ponderar verbalmente o possível assédio a mulheres em situação de vulnerabilidade por conta da guerra e da pobreza.

De muitas maneiras, isso acontece em virtude da falta de compreensão de como as políticas social e institucional estão intrinsecamente correlacionadas. Para os meus propósitos neste artigo, a política social é caracterizada por toda e qualquer prática adotada por um membro de determinada sociedade junto à coletividade que lhe constitui. Ou seja, a forma como os cidadãos se comportam e agem perante as suas respectivas sociedades no âmbito social.

Parar na faixa para o pedestre atravessar ou avançar com o carro, jogar o lixo no chão das ruas, sonegar impostos, usar o acostamento quando o trânsito trava as estradas, burlar licitações públicas, oferecer ou aceitar subornos de todas as ordens, superfaturar contratos, puxar o tapete de um colega de profissão para ser promovido, evitar cumprimentar o porteiro ou um vizinho quando o encontra no elevador, maltratar os funcionários subalternos, humilhar as pessoas vulneráveis, aproveitar-se da pobreza das mulheres para assediá-las e assim por diante. Qualquer ação tomada no âmbito público é, necessariamente, uma medida de política social.

Política institucional, por outro lado, é a prática da atividade parlamentar que é exercida, sob o modelo da democracia liberal, pelos candidatos que são eleitos pelo povo e estão, portanto, aptos à representação. É a política partidária exercida pelo presidente da República, ministros, senadores, governadores, prefeitos, deputados (federais, estaduais e municipais) e pessoas que ocupam cargos técnicos comissionados, teoricamente, a serviço do povo.

Ambas estão correlacionadas em um processo contínuo e dialético de efeito e reciprocidade. Ou seja, o que acontece na política social reflete a política institucional e vice-versa. Frequentemente, contudo, os brasileiros ignoram essa relação entre as políticas social e institucional. Cria-se a ilusão de que os políticos são "corruptos por natureza" e pressupõe-se que a classe parlamentar seria distinta do restante honesto da população.

Tal raciocínio leva ao sentimento de antissistema, ou seja, a força social de rejeição generalizada à política institucional, manifestada, geralmente, por meio de frases e raciocínios como "políticos são todos safados", "políticos são todos iguais", "político nenhum presta", "eu não gosto de política" etc. A ausência da compreensão entre como as políticas social e institucional estão, intrínseca e irremediavelmente, correlacionadas e o consequente sentimento de antissistema que se forma a partir dessa fragilidade conceitual foram responsáveis pela própria ascensão do bolsonarismo no Brasil em 2018: o governo mais deletério à vida social em toda a história do país.

Entre 2015 e 2018, principalmente, milhões de "Mamães Falei" — ou seja, todos os tipos de empresários corruptos, cônjuges que enganam os seus pares, motoristas que furam os sinais de trânsito, cidadãos que sonegam os seus impostos etc. — foram às ruas demandar o "fim da corrupção" dos políticos, como se a dimensão da atividade parlamentar não tivesse nenhuma relação com as suas próprias falhas éticas e morais. Em 2022, o povo brasileiro deve entender melhor essa relação entre as políticas social e institucional a fim de evitar a reeleição de figuras hipócritas de todas as ordens, alinhadas ou não com o próprio bolsonarismo.

UOL, 5 de março de 2022.

49
NA BASE DA RETÓRICA DO ÓDIO, BOLSONARO PREPARA O "DIA DO CAOS" PARA 2022

Durante o mês de fevereiro, participei de alguns debates que me serviram como verdadeiros estudos sociológicos sobre a dinâmica de funcionamento das entranhas do bolsonarismo e do que João Cezar de Castro Rocha, escritor, historiador e professor de literatura comparada, classifica como "microempreendedores ideológicos" na chamada midiosfera bolsonarista.

Em entrevista à coluna, apoiado nos escritos do ensaísta Walter Benjamin, Castro Rocha destaca que os fascistas, durante a década de 1930, "estetizaram a política, ou seja, eles tornaram a política o campo do afeto. (...) Algo similar está acontecendo no começo do século XXI".

Ancorado, fundamentalmente, em afetos negativos como o ódio e o ressentimento, em 2022, o bolsonarismo prepara o seu dia do caos, que será deflagrado, precisamente, em algum ponto entre outubro deste ano e janeiro de 2023, seguindo os moldes do que foi feito durante a invasão ao Capitólio estadunidense no dia 6 de janeiro de 2021, que resultou em mortes.

Para entender o bolsonarismo é imprescindível avaliar a atuação desses "microempreendedores ideológicos" e a dinâmica de funcionamento da "midiosfera bolsonarista". Via de regra, mas não invariavelmente, são figuras relativamente jovens e extremamente agressivas, que, a despeito da superficialidade das suas análises, mobilizam grandes volumes de seguidores nas redes sociais e utilizam essa adesão para ganhar capital político.

"O universo digital funciona porque ele tem um sistema de redução da complexidade. Em virtude do volume vertiginoso de informações que circulam o tempo todo, faz-se necessário esse mecanismo para evitar um colapso. (...) O que os algoritmos fazem é reduzir essa complexidade, criando perfis, que são o resultado das interações que são feitas no ambiente digital. (...) A visão do mundo da extrema direita é algorítmica, porque, para essa parcela da população, são eles contra o restante, que deve ser eliminado. Trata-se de uma visão em preto e branco, sem as nuances. É isso, eles, ou aquilo, os outros", explica Castro Rocha.

Durante as minhas incursões ao cerne do bolsonarismo, ficou evidente para mim que Zoe Martínez, militante cubana da extrema direita bolsonarista, é a figura que explica de forma mais didática e prática a teoria explanada por Castro Rocha. Ela não é a única ou sequer a mais influente e articulada microempreendedora ideológica do bolsonarismo, mas serve, perfeitamente bem, aos meus propósitos neste artigo em razão da interação direta à qual ambos fomos expostos.

Durante cinco debates estéreis de uma hora e meia cada um, ou seja, durante sete horas e meia, Martínez avançou todas as narrativas bolsonaristas: da fraude nas urnas eletrônicas, passando pelo questionamento das vacinas e do lockdown, ao anticomunismo e questões de política externa.

Apesar de não ser especialista em questões eleitorais, infectologia, microbiologia ou relações internacionais, por exemplo, a blogueira bolsonarista se articula de forma virulenta e com a propriedade de quem não precisa embasar as suas análises em fatos ou parâmetros científicos, fundamentalmente, por contar com o microfone de uma emissora de rádio e televisão que, muitas vezes, empodera figuras ineptas a fazerem "análises políticas".

"Existe uma foto clássica na qual Hitler e Mussolini estão cercados por microfones. Naquela ocasião, o rádio foi essencial para a ascensão do nazifascismo. Sem a microfonia moderna, os grandes espetáculos de massa do nazifascismo não seriam possíveis. Ninguém os escutaria. Hoje, esse papel é exercido via internet e emissoras de rádio e TV por meio das retóricas de ódio e dos reducionismos que sustentam a guerra cultural bolsonarista", garante Castro Rocha.

Nesse sentido, toda a exposição das análises fica restrita a clichês bolsonaristas, tais como ponderar se Cuba é ou não uma ditadura, se a "mamata" acabou no Brasil, se o comunismo é pior que o nazismo, se o PT implementará o "kit gay" nas escolas, se as urnas eletrônicas serão fraudadas e assim por diante. No que ela considerou a sua grande vitória argumentativa, Zoe encheu-se de razão ao me questionar se Cuba era ou não uma ditadura, por exemplo.

Ao tentar ponderar a complexidade material e histórica pertinente à questão, considerando o regime assassino de Fulgêncio Batista, que ela defende incondicionalmente, a invasão da Baía dos Porcos, o embargo estadunidense etc., fui confrontado com uma postagem em uma rede social, que insistia: "Cuba é ou não é uma ditadura"?

A publicação da blogueira rendeu uma enxurrada de ataques e comentários dessa mesma natureza. Rechaçando a minha colocação de que a questão é complexa, Eduardo Bolsonaro argumentou que "(...) Botar gay, dissidente político no paredão a (sic) apertar o gatilho é algo complexo para ser condenado? Esses tipos são os (sic) costumam chamar Bolsonaro de ditador, genocida, e (sic) etc.".

O próprio Jair Bolsonaro, contudo, ascendeu à Presidência da República afirmando que preferiria ver o próprio filho morto em um acidente de carro caso ele fosse gay e que fuzilaria os opositores petistas, por exemplo. Para Zoe e Eduardo, não existe complexidade ou ditaduras, contanto que essas ideias estejam alinhadas com os seus ideais obscurantistas. Ditaduras e crimes são coisas da esquerda, fundamentalmente.

Invariavelmente, são análises rasas e binárias, que não consideram os valores dialéticos, complexos e contraditórios das questões humanas e apelam às camadas mais elitistas, racistas, misóginas, dogmáticas e limítrofes da população. Vale tudo pela audiência, pelas curtidas e pelos comentários dos seguidores. O que, ironicamente, eles chamam de "lacração" e acusam a esquerda de fazer. Uma espécie de economia da atenção levada ao paroxismo da banalidade e da inconsequência em meio a um oceano de dados.

"Com essa oferta ilimitada de conteúdo, surgem estratégias de clickbait e linguagens que tendem ao reducionismo e à polarização. Essa é exatamente a linguagem política da extrema-direita e dos regimes mais autoritários: agressiva, violenta, polarizadora e com enorme capacidade de produzir engajamento. Além disso, os microempreendedores ideológicos ganham grandes quantias via internet monetizando as suas contendas ideológicas. Ou seja, monetizando a atividade política. A extrema direita faz isso em todo o planeta", ressalta o professor.

Evidentemente, Martinez possui a "livraria da Zoe", na qual, apesar de não ser capaz de se aprofundar em nenhuma questão para além dos impropérios bolsonaristas com base em dados objetivos, ela oferece indicações de livros, tais como A Nova Era e a Revolução Cultural, O Manual Politicamente Incorreto do Comunismo, Os erros fatais do socialismo etc. Variações do mesmo tema.

Zoe, contudo, é muito mais o sintoma do que a causa do problema que acomete o Brasil por meio do bolsonarismo. Figuras muito mais cultas e articuladas do que ela exercem papéis semelhantes ao redor do mundo na internacionalização da imbecilidade que foi viabilizada por meio do avanço transnacional da extrema direita via redes sociais e aplicativos ao longo das últimas duas décadas.

"Trata-se de uma retórica prêt-à-porter e internacional do ódio. Figuras como Ben Shapiro (EUA), Gloria Álvarez (Guatemala), Axel Kaiser (Chile), e Javier Milei (Argentina), por exemplo, falam a mesmíssima coisa com essa retórica que a Zoe Martínez, o Rodrigo Constantino e todos os bolsonaristas brasileiros também avançam. Podemos chamar de método do olavismo. Compreender essa dinâmica é uma etapa fundamental para combater o bolsonarismo", complementa Castro Rocha.

Infelizmente, o que esses microempreendedores ideológicos estão fomentando no Brasil — ao serem instrumentalizados por figuras centrais do bolsonarismo — deverá produzir mortes e o caos completo antes, durante e depois do pleito presidencial, principalmente, caso Bolsonaro perca a eleição. Há algumas semanas, por exemplo, um grupo de homens portando fuzis, em tom de "piada" ou "lacração de Internet", parou o trânsito para uma mulher vestida de vermelho atravessar a rua. Imagine o que pode acontecer quando a demanda desses grupos for um pouco maior.

Resta saber: até quando a sociedade civil e o ordenamento jurídico nacional permitirão que essas pessoas atuem de forma irresponsável sem nenhum tipo de consequência?

UOL, 11 de março de 2022.

50
ÁUDIO ILUSTRA COMO BOLSONARO TRANSFORMOU O BRASIL NUMA REPÚBLICA MILICIANA

Apesar de não caracterizar propriamente uma surpresa, o conteúdo da escuta telefônica feita há dois anos pela Polícia Civil do Rio de Janeiro com Daniela Magalhães, irmã do ex-PM Adriano da Nóbrega, que foi assassinado pela Polícia Militar na Bahia e era suspeito de envolvimento no esquema de "rachadinhas" no gabinete de Flávio Bolsonaro, ilustra graficamente como o governo Bolsonaro transformou, em menos de três anos, o Brasil em uma república miliciana: o bolsonarismo vem usando as instituições públicas para avançar o seu projeto teocrático e miliciano.

Os fatos hoje revelados não surpreendem porque, em ampla medida, já existiam indícios sólidos que apontavam para a participação do atual governo em todas as sortes de atividades de milícia. Contudo, as novidades apresentadas formam apenas outro elemento do quebra-cabeça e levantam muitas questões novas. Escutas anteriores já haviam revelado o contato de milicianos com uma pessoa identificada como "Jair", "o cara da casa de vidro" e "HNI (PRESIDENTE)", segundo relatório da própria Subsecretaria de Inteligência da Secretaria de Polícia Civil do Rio de Janeiro.

Tal menção foi feita no dia 9 de fevereiro de 2020 por Ronaldo Cesar, conhecido como "Grande" e identificado como uma espécie de operador de Adriano da Nóbrega, ao alertar uma mulher não identificada que telefonaria para o "cara da Casa de Vidro" e que "iria acontecer algo ruim". Neste mesmo dia, Adriano da Nóbrega foi morto. Já em 2005, ainda como deputado federal, Bolsonaro referiu-se ao ex-PM Adriano da Nóbrega como "brilhante oficial". Dois anos antes, Flávio Bolsonaro propôs uma moção de louvor ao mesmo indivíduo, "com orgulho e satisfação". Nóbrega também teve parentes alocadas no gabinete de Flávio, mas, segundo o bolsonarismo, todos esses fatos caracterizariam apenas mera coincidência.

Em prantos, Daniela Magalhães afirma, categoricamente, que o Palácio do Planalto ofereceu cargos comissionados em troca da morte do próprio irmão atendendo ao desejo do alto escalão do governo Bolsonaro para que ele se tornasse um "arquivo morto". Quais cargos? Quem os ofereceu? Quem os assumiu? Por que essa gravação foi liberada ao escrutínio público somente dois anos depois? Por que altos membros do governo Bolsonaro quiseram eliminar o ex-PM Adriano da Nóbrega?

Naturalmente, existem muitas questões que devem ser respondidas, sobretudo, antes do próximo pleito presidencial, considerando que Bolsonaro, a despeito de todos os tipos de indícios que apontam a sua participação com o crime organizado, ainda conta com o apoio de uma parcela da população brasileira.

UOL, 6 de abril de 2022.

POSFÁCIO

Em ampla medida, este livro encerra uma trilogia sobre o bolsonarismo. O primeiro trabalho aborda A Ascensão do bolsonarismo no Brasil do Século XXI, o segundo discorre sobre a Tempestade Perfeita: o bolsonarismo e a sindemia covid-19 no Brasil e este último, intitulado Sobre Perdas e Danos: negacionismo, lawfare e neofascismo no Brasil, resume a destruição causada pelo governo Bolsonaro no país. Apesar de estarem intrinsecamente relacionadas, as três publicações podem ser lidas separadamente.

Publicados nos veículos GGN, UOL, Le Monde Diplomatique, Carta Capital e Focus, os artigos, aqui reunidos a pedido, foram redigidos entre 2019 e 2022, período durante o qual o bolsonarismo e os seus instrumentos econômicos e sociopolíticos destruíram o Brasil, literalmente. O principal intuito deste livro é oferecer elementos que contribuam com a reflexão crítica de forma a garantir que tamanha tragédia jamais se repita no país.

No primeiro semestre de 2022, após mais de três anos sob a égide do bolsonarismo, o Brasil finalmente encontrava-se no vórtice de uma tempestade perfeita[1]: mais de 650 mil mortes em decorrência da pandemia, escândalos de corrupção e desvios do governo, um colapso econômico, com desemprego recorde, taxa de conversão do dólar estadunidense em R$ 5,61, o litro da gasolina ultrapassando a casa dos R$ 10 em alguns estados da federação, o botijão de gás de cozinha de treze quilos em R$ 150 e assim por diante. Independentemente de qual seja a orientação partidária ou política-ideológica, são inegáveis os fatos históricos e materiais que comprovam a devastação sem precedente que foi causada pelo governo Bolsonaro.

Com a economia devastada, o segundo maior número de óbitos registrados em decorrência da covid-19 em todo o planeta, a explosão da violência, da criminalidade e da intolerância, escândalos de corrupção do governo federal, desavenças internas e externas de todas as ordens, todos

---

[1] Sobre este tema, consulte o livro *Tempestade Perfeita: o bolsonarismo e a sindemia covid-19 no Brasil* (Contracorrente, 2021).

os indicadores sociais apontando a deterioração dos padrões de vida e o desmatamento recorde das suas florestas e regiões de preservação, o Brasil viu-se confrontado com os efeitos práticos que utilizar o ódio, o medo e os elitismos histórico-culturais combinados às redes sociais digitais para eleger os seus líderes representativos acarretam, invariavelmente. Assim, lamentavelmente para a nação brasileira, a ascensão do bolsonarismo ainda coincidiu com a pior pandemia do século.

A crise da democracia brasileira, que foi deflagrada por Aécio Neves e a direita liberal a partir de 2014, ganhou corpo em 2016 com o golpe jurídico, midiático e parlamentar contra Dilma Rousseff e agravou-se com a ilegal inelegibilidade atribuída à Lula e a ascensão do bolsonarismo em 2018, entrou em 2022 no seu momento mais agudo.

O bolsonarismo é um regime autocrático, neofascista, que defende os interesses de uma classe hiper capitalista transnacional, ascendeu[2] de forma ilegítima na esteira da infame Operação Lava-Jato e tem por objetivo final desmontar a arquitetura constitucional do país para implementar uma espécie de teocracia miliciana de caráter dogmático religioso a favor da reprodução irrestrita do capital.

Bolsonaro vem ensaiando essa jogada há muito tempo. Ainda antes de ser eleito, disse, explicitamente, que fuzilaria opositores políticos. No dia 7 de setembro de 2021, convocou às ruas para afirmar que não acataria mais decisões de ministros do Supremo Tribunal Federal e deixou claro, por inúmeras vezes, que não aceitaria a derrota nas urnas em outubro de 2022.

O bolsonarismo é uma espécie de monstro, em constante transformação, e que depende de uma metamorfose sombria, que o transforma em versões consecutivamente mais nefastas e abjetas para fazer a manutenção dos seus poderes. O que estamos presenciando neste momento é a etapa mais macabra e virulenta deste processo.

A última chance de interromper a face mais obscura do bolsonarismo acontecerá durante o próximo pleito presidencial, em outubro de 2022, quando Bolsonaro deverá promover uma guerra nos moldes do que Donald Trump fez durante a invasão do Capitólio estadunidense, no dia 6 de janeiro de 2021.

Depois disso, caso Bolsonaro seja reeleito, as perdas e os danos perpetradas pelo bolsonarismo entre 2019 e 2022 serão apenas o começo da

---

2 Sobre esse tema, consulte o livro *A Ascensão do bolsonarismo no Brasil do Século XXI* (Kotter, 2021).

aberração que seguirá e o nazifascismo brasileiro estará plenamente consolidado. Evitar esse processo é o mais urgente desafio da atual geração brasileira, mas não é o único.

Conforme enfatizado no trigésimo sexto artigo publicado nesse livro, os estados modernos, os ordenamentos jurídicos nacionais e, basicamente, toda a organização da vida social, principalmente nos países ocidentais, são frutos de um modelo de sociabilidade que vem sendo elaborado com base na expropriação e na usurpação das classes trabalhadoras, ou seja, pela lógica de reprodução do capital, que depende de crises recorrentes para fazer a manutenção das suas propriedades.

Assim, o bolsonarismo é a forma de expressão mais aguda desse modelo de sociabilidade capitalista no Brasil. Essa foi a principal ideia explanada por Alysson Leandro Mascaro neste texto: "(...) o estado como o conhecemos é uma forma de organização sociopolítica do capital. Caso a democracia não seja mais interessante ao capital, essa força fará com que um golpe ou uma ditadura aconteçam. Nesse contexto, surge o bolsonarismo".

Desta forma, para muito além de vencer o bolsonarismo em outubro de 2022, faz-se necessária a reorganização do modelo de sociabilidade que permite que movimentos desta ordem ascendam ao poder. É preciso, sobretudo, derrotar a racionalidade neoliberal que organiza os arranjos sociais com base nos princípios universais da competição irrestrita e, consequentemente, das desigualdades sem limites.

Para tanto, no sentido de extrairmos valiosas lições sobre os nossos erros e como devemos proceder, precisamos olhar para as perdas e os danos causados pelos dois eventos mais deletérios e dolorosos que acometeram a nação brasileira durante as últimas décadas: o bolsonarismo e a crise da covid-19. Ambas demonstram, graficamente, que o modelo liberal fracassou. O desafio é imenso, mas a luta desta e das próximas gerações o superará. Vamos?

pólen bold 90 gr/m2
tipologia palatino linotype
impresso no outono de 2022